Par Frédéric Dollé. Voy. l'Avis de l'éditeur.

CHARLEMAGNE

ET

LOUIS-PHILIPPE.

AVIS DE L'ÉDITEUR.

Au moment où la chambre des pairs vient d'inaugurer la statue de Charlemagne, et la chambre des députés de repousser, à une grande majorité, la proposition de M. Duvergier de Hauranne qui tendait à donner à quelques Français de plus le droit de l'électorat, qui appartient à tous, nous avons jugé à propos de publier la brochure de M. Frédéric Dollé, ayant pour titre : CHARLEMAGNE ET LOUIS-PHILIPPE.

Cette Lettre Historique montrera, pièces en main, toute la différence qui existe entre l'ancien régime tant décrié et le prétendu siècle de lumières que certaines gens voudraient nous faire adorer comme un âge d'or.

Imprimerie de GUIRAUDET et JOUAUST, rue St-Honoré, 315.

CHARLEMAGNE

ET

LOUIS-PHILIPPE.

> La liberté est ancienne; le despotisme
> seul est d'origine moderne.
> (Mme DE STAEL.)

PARIS,

CHEZ DENTU, AU PALAIS-ROYAL,

GALERIE VITRÉE, 13.

1847.

PRÉFACE.

Tout royaume divisé contre lui-même sera détruit.
(L'ÉVANGILE.)

Légitimistes! les paroles ne sont rien; la foi se prouve par les actes.
(HYDE DE NEUVILLE.)

Je n'ai jamais écrit un mot, une ligne, que par devoir et pour satisfaire mon cœur et ma raison. Ma conscience d'honnête homme a voulu que je protestasse contre-le spectacle hideux qui, depuis le 23 juin 1789, présente aux Français une longue alternative de ridicules et de malheurs. J'ai fait du mieux qu'il m'a été possible pour exprimer ma pensée, moi pauvre ouvrier royaliste sans entourage lumineux! Les hommes de science et de pouvoir ne m'ont pas écouté. — A quoi a servi, en effet, ce que j'ai écrit jusqu'à cette heure? — A quoi servirait ce que je pourrais dire encore sur la position déplorable où on a placé la France? A rien. — Au lieu donc de répéter des choses que dix millions de Français ont déjà pensées, et qui ont été beaucoup mieux exprimées que par moi, je me bornerai à corriger et à compléter du mieux qu'il me sera possible le peu que j'ai écrit; cette Lettre Historique en sera la preuve. Voilà tout ce que je puis désormais. Et si Dieu me prête vie et santé, il me suffira peut-être, dans mon humble position, de l'*Histoire des six Restaurations* pour avoir payé mon tribut de respect et d'amour à la vaste et glorieuse société française. Mais il est à peu près certain que je ne composerai plus de nouveaux livres; d'abord je crois avoir à peu près tout dit, sur les sujets que j'ai traités, depuis un article, inséré au mois de mars 1830 dans le *Mémorial de*

Toulouse (1), qui avait pour devise : DIEU ET LE ROI, jusqu'à mes *Souvenirs de Voyage*. Et puis, ne restera-t-il pas après moi une nombreuse et vaillante légion d'écrivains consciencieux bien décidés à ne cesser de battre en brèche les forteresses du monopole et de l'usurpation sociale, que lorsqu'elles auront capitulé à discrétion, et que la Justice aura retrouvé sa balance ? Ne reste-t-il pas, à Paris, *la France*, fondée et dirigée par un homme de si grand cœur et de si haut mérite ? Ne reste-t-il pas *la Quotidienne*, rédigée avec autant de conscience que de savoir; *la Mode*, toujours aussi dévouée que spirituelle ; la *Gazette de France*, *l'Echo*, le *Journal des Villes et Campagnes*, et bon nombre d'excellents journaux de province, qui redoublent chaque jour d'efforts et de talent, malgré l'amende et la prison, pour la défense des droits et des devoirs de tous ?... A quoi me servirait donc de prouver une fois de plus que les Français ont été moins libéralement, moins glorieusement et moins légitimement gouvernés depuis 1789 qu'avant cette époque, et que, conséquemment, la révolution prétendue nationale a été un grand crime, une faute peut-être irréparable ! Cela ne pourrait avancer d'un pas les affaires de la France royaliste, puisque je combats des adversaires qui se bouchent les oreilles et menacent les

(1) Le *Mémorial de Toulouse* existe encore sous le titre de *Gazette du Languedoc* et continue de rendre les services les plus éclairés à la cause de la monarchie française. Mon article fut envoyé au *Mémorial* à l'occasion du refus de concours des 221 au gouvernement paternel de Charles X, pour exprimer mes craintes sur les déplorables résultats que devait avoir cette violation de la Charte par la majorité de la chambre des députés; je disais, à propos des formes respectueuses de cette insolente adresse : « Mirabeau aussi exprimait les pensées les plus brutales avec des paroles douces et flatteuses, et peu de temps après la tête du Roi-Martyr roulait sur l'échafaud. »

Charles X et son auguste fils sont morts dans l'exil malgré les protestations de dévoûment et de fidélité des 221 violateurs de la Charte; et depuis, les plus grands coupables ont avoué que le Roi avait le droit de faire ce qu'il a fait d'après l'art. 14, que tous avaient consenti et devaient défendre, puisqu'ils ne voulaient ni plus ni moins que la Charte.

hommes d'honneur du glaive qu'ils ont dérobé à la Justice pour défendre leurs places et leurs trésors usurpés.

Pour tout ce que j'ai fait jusqu'à ce jour, je ne dois malheureusement de gratitude à personne, sauf quelques rares et nobles exceptions. — Le peu que je sais, c'est moi qui l'ai appris à force de travail; les habits qui me couvrent, je les ai gagnés à la sueur de mon front; et je n'ai d'autre avenir que l'avenir d'un homme de labeur qui doit gagner chaque matin son dîner du soir et celui de sa famille. Mais, je le dis avec orgueil, je me suis trouvé plus que récompensé de mes fatigues et de mes déceptions par les augustes éloges que j'ai eu le bonheur de recevoir plusieurs fois de la part de ceux à qui j'ai voué ma vie.

Autrement, je n'ai rencontré sur ma route que des hommes injustes et égoïstes, des hommes bien sincèrement dévoués à leurs intérêts matériels ou à leur vanité, voilà tout. Et cela depuis ceux qui, comme moi, ont reçu le jour sous le chaume d'un obscur, mais honnête artisan, et qui sont plus ou moins parvenus, jusqu'à ceux qui sont nés sous les lambris dorés de leurs nobles aïeux, et que le hasard m'a procuré l'honneur de connaître.

Au reste, je ne reproche à personne l'abandon où on m'a laissé; il rend peut-être plus méritoires mes faibles efforts pour la défense d'une cause qui me paraît juste et sainte....... Pourtant, je dois l'avouer, il me semble que, si j'avais été à la place de ces hommes riches ou haut placés, qui crient toujours persévérance! et qui n'aident sérieusement personne, j'aurais été heureux, moi, d'aider de tous mes moyens un jeune homme qui donnait tant de preuves de zèle et de bonne volonté; un jeune homme du peuple, qui arrive de son village à neuf ans, qui va passer quelques mois à une école de charité, et puis qui, au premier coup de canon tiré contre les hommes d'une classe dont il sait qu'il ne fera jamais partie, se jette corps et âme à la défense de cette classe justement privilégiée, dépense dans ce combat singulier, après le fruit de ses travaux, la seule chaumière que ses parents avaient élevée caillou à caillou, va passer huit longs mois sous les verroux des geôliers de Louis-Philippe, et finit par rester presque seul sur le champ de bataille, plus découragé de son impuissance que de ses blessures. « S'il se fût ren- » contré un prince, écrivait dernièrement M. de Château- » briand, qui, nous comprenant, nous eût retenu au tra- » vail, il y avait peut-être quelque parti à tirer de nous ; » mais le ciel fait rarement naître ensemble l'homme qui » veut et l'homme qui peut. »

Qu'on me pardonne cette ambitieuse similitude, mais c'est absolument là mon histoire. En me guidant, en me conseillant, en me retenant au travail, les hommes qui sont aujourd'hui à la tête de notre cause auraient peut-être pu utiliser ma bonne volonté, car je suis plein de zèle pour obéir ; mais on a préféré me laisser errer à l'aventure pour profiter du premier faux pas, où l'on m'attendait peut-être afin de rompre avec moi ; mais j'espère, avec l'aide de Dieu, que les âmes charitables dont je veux parler attendront long-temps encore...... Je veux qu'elles attendent toujours !

Je sais tout le mal qui m'a été fait moralement ; je n'ignore pas tous les germes de découragement que l'on a jetés en moi ; je sais que l'égoïsme mercantile de certaines gens a affaibli ce dévoûment sans bornes et ces illusions si nécessaires à la vie, parce qu'on les voulait exclusivement personnels ; qu'on a même irrité ma candeur jusqu'à me faire douter s'il y avait véritablement crime à s'arracher au monde corrompu et corrupteur sous le régime duquel nous vivons.....

Je sais encore que, grâce à la fréquentation intime de quelques hommes haut placés de notre époque, je ne suis plus capable de faire le bien que par devoir.... Et je dois même l'avouer, sans la religion, qui console de toutes les infortunes, qui adoucit l'amertume de toutes les ingratitudes et qui compense de toutes les trahisons ; sans la religion, je serais peut-être entièrement découragé aujourd'hui. Et qui ne le serait à ma place, mon Dieu ! lorsque l'avenir n'offre plus que l'alternative de mourir de misère à l'hôpital comme Hégesippe Moreau (1), mon confrère, ou de devenir voleur..., non pas sur les grands chemins, ce qui mène au bagne, mais sur les routes des hautes ambitions, ce qui

(1) Je vais citer les derniers vers de Moreau; c'est un hommage que je dois rendre au talent de ce jeune et malheureux poëte, et un stigmate dont je veux flétrir les lâches amis qui l'ont abandonné après lui avoir crié : courage ! et qui ne l'ont élevé un instant par leurs perfides caresses que pour le laisser retomber, mourant de découragement et de douleur, sur le grabat de la Charité.

Je ne sais si la sympathie de classe et de position m'aveugle, mais je trouve de la verve et de la sensibilité dans les vers de Moreau ; j'ai surtout été fort ému de la douloureuse vérité contenue dans la troisième strophe de son testament poétique, dans laquelle il prévoit, il regrette que pas une main d'ami ne viendra réchauffer sa main d'ami ; dans laquelle il déplore la certitude que son absence ne sera pas remarquée au banquet du soir de sa mort.

Écoutons donc le poëte mourant; il parle pour la dernière fois.

Sur ce grabat chaud de mon agonie
Pour la pitié je trouve encor des pleurs,
Car un parfum de gloire et de génie
Est répandu dans ce lieu de douleurs :
C'est là qu'il vint, veuf de ses espérances,
Chanter encor, puis prier et mourir...
Et je répète en comptant mes souffrances :
Pauvre Gilbert, que tu devais souffrir !

Ils me disaient : Fils des Muses, courage !
Nous veillerons sur ta lyre et ton sort !
Ils le disaient hier, et dans l'orage
La pitié seule aujourd'hui m'ouvre un port.
Tremblez, méchants ! mon dernier vers s'allume,
Et, si je meurs, il vit pour vous flétrir...
Hélas ! mes doigts laissent tomber ma plume !
Pauvre Gilbert, que tu devais souffrir !

Si seulement une voix consolante
Me répondait quand j'ai long-temps gémi ;
Si je pouvais sentir ma main tremblante
Se réchauffer dans la main d'un ami !
Mais que d'amis, sourds à ma voix plaintive,
A leurs banquets ce soir vont accourir,
Sans remarquer l'absence d'un convive !
Pauvre Gilbert, que tu devais souffrir !

J'ai bien maudit le jour qui m'a vu naître ;
Mais la nature est brillante d'attraits,
Mais chaque soir le vent, à ma fenêtre,
Vient secouer un parfum des forêts.
Marcher à deux sur les fleurs et la mousse,
Au fond des bois rêver, s'asseoir, courir,
Oh ! quel bonheur ! oh ! que la vie est douce !...
Pauvre Gilbert, que tu devais souffrir !

change singulièrement les résultats et les jugements des hommes !

J'ai pourtant eu la naïveté de croire un instant qu'il suffisait de faire le bien pour réussir, et de montrer la vérité à des Français pour qu'ils l'adorassent ; je me suis trompé : l'indifférence est partout à l'ordre du jour. « A la France du XIX° siècle, a dit le *Patriote de l'Ain*, en se retirant de l'arène politique, il ne faut plus que les prières des agonisants ; assez d'autres les réciteront quotidiennement sans nous. » En effet, « est-il aujourd'hui une chose pour laquelle » on voulût se donner la peine de sortir de son lit ? s'écrie » le noble vicomte de Chateaubriand dans son *Congrès de* » *Véronne*. On s'endort au bruit des royaumes tombés pen- » dant la nuit, que l'on balaie chaque matin devant nos » portes. »

Oui, les peuples dorment du sommeil de l'apathie, et les meilleurs discours et les livres les plus sagement composés ne pourraient actuellement, je crois, que prolonger leur sommeil. Que serait-ce donc des miens !...

Voyez :

Les Berryer et les Cormenin, les Fitz-James et les Arago, les Dreux-Brézé et les Garnier-Pagès, les Dubouchage et les Lamartine, ont démasqué toutes les intrigues honteuses ourdies depuis seize ans par les différents ministères qui se sont succédé ; ces hommes de cœur et de raison ont flétri tous les marchés scandaleux, toutes les couardises envers l'étranger, et les impitoyables actes de la soldatesque envers les Français ; ils ont prouvé le cynisme des apostasies... Et les Français dorment !...

Les écrivains les plus remarquables ont démontré que notre droit français a été violé ; que, depuis le 23 juin 1789, les ministres de la révolution se sont constamment moqués de la France, et l'ont gouvernée selon leur *bon plaisir*... Et les Français dorment !...

Tout ce que la France possède d'hommes honorables n'a cessé, depuis seize ans, de réclamer en faveur de la liberté de l'enseignement, l'un des droits les plus sacrés du père de famille, liberté qui a été si solennellement promise par la Charte de 1830 : le despotisme de l'Université continue ; on fait de nos enfants des hommes qui croient savoir les lois du mouvement de la terre, qui déchiffrent la république de Platon, mais qui sont des impies, des ingrats, des égoïstes ; des enfants qui n'ont ni patriotisme, ni amour filial; des hommes enfin tels que ceux que nous voyons à l'œuvre depuis cinquante ans... Et les Français dorment !...

Dix millions de contribuables ont demandé la réduction des rentes, ils ont supplié leurs maîtres de ne plus gaspiller les finances , de nous rendre les *chers* budgets de l'ancien régime ; on feint de ne pas les entendre , le gaspillage continue..., et les Français dorment !.....

Est-ce que le canon d'Ivry pourrait seul les réveiller ?...

S'il en était ainsi, je l'attendrais avec impatience... Mais, jusque-là, pourquoi me priver d'un repos utile aux miens, et employer des veilles si laborieuses à faire des recherches qui, hélas ! n'intéressent peut-être personne ? Écrirai-je de nouvelles pages pour les gens de ma classe. que la révolution a iniquement dégradés de leurs droits de Français (1) ? Mais au lieu de relever fièrement la tête et de protester avec moi contre le monopole qui nous opprime tous, ils me demanderont sans doute encore d'où je viens, au nom de qui je parle, et surtout ce que j'ambitionne, car, dans ce siècle d'individualisme et de corruption, on ne comprend plus ni l'honneur, ni la fidélité , ni le devoir, ni le désintéressement. Je pourrais leur répondre par mon passé et par mon présent, par mes mains mutilées et noircies à la peine , par mes yeux presque éteints et fatigués du travail de la nuit... Mais, que leur importe ! un royaliste doit-il jamais avoir raison !..... Pour moi, je

(1) Dans l'une de ses ordonnances, Louis **XIV** avait appelé jusqu'aux *hommes de bras* dans ses conseils, c'est-à-dire les ouvriers. Autre temps, autres mœurs ! car maintenant les hommes de labeur ne sont plus comptés pour rien ; on leur défend même de se réunir, de s'associer entre eux pour connaître de leurs intérêts et de leurs besoins. Et l'on ose parler de progrès !...

suis convaincu qu'avec un peu d'adresse de la part de quelque gouvernement que ce soit, ces hommes-là se trouveront toujours assez heureux si, en leur mettant le bâillon, un valet doré leur crie : Liberté !—ou bien encore si on les gratifie d'un billet pour visiter les Tuileries quand les maîtres n'y sont pas, et d'un feu d'artifice à une fête quelconque de l'année.

On aurait tort de croire que les hommes de labeur sont unis et compatissants entre eux. Faut-il le dire ? le plus souvent ils s'arrachent poil à poil la laine sur le dos... en attendant que le maître les tonde jusqu'au sang ! Je n'ai jamais vu tant d'égoïstes et d'envieux qu'entre les prétendus camarades d'un même atelier ; le bonheur de quelqu'un de leurs confrères serait souvent pour eux, je crains d'en être sûr, un chagrin poignant ; et si l'esprit d'insubordination les réunit quelquefois dans un même sentiment d'indiscipline contre leur supérieur, il ne faut pas croire que ce soit le doux et bienveillant esprit de concorde, de fraternité, qui les anime ; non : aussitôt qu'ils n'ont plus à se raidir contre l'autorité, ils se lapident entre eux. « AVANT 89, dit M. Michel Chevalier, la *famille industrielle existait,* aujourd'hui elle est dissoute. La filiation est rompue. Chacun pour soi ; le proverbe ajoute : Dieu pour tous. Ici il faudrait dire : Dieu pour personne. Sans liens avec leurs maîtres, les ouvriers n'en ont pas davantage entre eux. Ils n'ont les uns envers les autres ni obligation, ni devoir. Dans l'atelier les corps se touchent, les esprits n'ont aucun rapport. Il y a des hommes juxtà-posés ; il n'y a pas de sentiment commun, si ce n'est peut-être la haine du régime auquel l'ouvrier est astreint. La concurrence illimitée contraint l'ouvrier à regarder son voisin comme un rival qui lui dispute son pain. Il semble que le génie de la guerre, repoussé par le bon sens des nations et des gouvernements, ait cherché à se ménager dans l'industrie un dernier asile, et qu'il ait provisoirement réussi. »

Je suis entièrement de l'avis de M. Michel Chevalier dans cette circonstance, et je peins d'après nature, puisque j'ai déjà passé vingt-sept ans de ma vie dans les ateliers et parmi l'élite de la classe ouvrière, un grand nombre de compositeurs d'imprimerie s'étant éminemment distingués dans l'armée, dans la poésie, dans la science, dans les arts et dans les lettres.

II.

Écrirai-je de nouveaux livres en faveur d'une Royauté et d'une noblesse que j'aime et que je vénère, parce que je suis convaincu qu'elles sont indispensables au bonheur et à la gloire de mon pays, ainsi qu'à l'émulation des Français?... Mais, je le répète, je le crois inutile aujourd'hui que tant d'excellents royalistes remplissent cette tâche, et avec plus de talent que je ne pourrais le faire.

Cependant, pour la Royauté, si l'on me disait seulement que mon faible concours est utile, je me sacrifierais de nouveau et d'enthousiasme pour cette noble cause, dont je mettrai toujours la défense au nombre de mes premiers devoirs.

Quant à la noblesse, l'homme généreux qui fait abnégation de lui-même, de sa famille, de ses amis, de toutes ses affections; l'homme qui s'immole à son pays, est un noble et illustre citoyen, peu importe qu'il ait combattu pour l'indépendance de la principauté de Monaco, ou pour la vaste France de Louis XIV! Aux yeux de leurs compatriotes, les citoyens-nobles de Perpignan, les Balalud de Saint-Jean, les barons de Thoren, et tant d'autres, méritent autant d'éloges pour avoir sauvé le Roussillon de l'invasion des Normands, que Philippe-Auguste en gagnant la bataille de Bouvines, et Villars en vainquant l'Europe coalisée contre la France à Denain. Les Chrétiens du XIIIe siècle vendant leurs biens pour aller se croiser en Terre-Sainte contre les barbares, qui menaçaient de fondre une seconde fois sur l'Europe, sont des héros à l'égal de tous les autres valeureux compagnons de Saint-Louis. Le roi Ferdinand de Bourbon, en défendant, il y a peu d'années, son royaume de Naples et ses sept millions de sujets contre les exigences de l'Angleterre, qui en a près de vingt fois autant, le roi Ferdinand, déclarant « qu'il aime » mieux s'en rapporter à la force du droit qu'au droit de la » force », est un noble souverain qui mérite l'admiration du monde. C'est dans ces occasions suprêmes que la noblesse prouve et doit prouver son indispensabilité ; il faut qu'elle encourage, qu'elle donne l'élan et l'exemple du dévoûment moral et matériel ; c'est sa gloire et son devoir tout à la fois, puisque *noblesse oblige*, et M. Louis Stofflet a écrit avec beaucoup de raison : « La noblesse, création » forte et compacte, n'était point un privilége gratuit, un » privilége pur et simple : c'était à la fois une récompense » des services rendus, *une exigence perpétuelle de services à* » *rendre.* »

En effet, toutes les fois qu'on a donné des biens et des honneurs à un anobli, ce n'a pas été pour qu'il s'enivrât de parfums et dormît désormais tranquillement sur le duvet d'aigle, mais bien pour lui procurer deux morceaux de fer, dont l'un doit servir *perpétuellement* à défendre la Patrie,   le Prince, sa personnification naturelle ; et l'autre à travailler les terres, afin de rendre plus productives et plus utiles les immenses richesses que Dieu nous a données en partage, pour les faire valoir et prospérer. Et après ce devoir rempli, l'héritage, le nom, la fortune, la gloire de l'anobli ne passent à ses enfants qu'à la condition d'imiter leur père, de le surpasser même s'il est possible ; s'il déroge, s'il forfait, son cheval devient plus noble et plus méritant que lui, et il doit porter la selle de son coursier jusqu'au poteau sur lequel on a déjà inscrit sa honteuse félonie.

Voilà ce que doit être la noblesse, la noblesse d'origine ancienne, chevaleresque ou bourgeoise, de province ou de cour, de gentilhommerie ou de commune, peu importe ; car il y a ni petite ni moyenne gloire, ni petite ni moyenne nationalité, et celui qui sert bien son Roi et son pays est digne d'hommages, n'importe dans quelle sphère il a accompli son devoir... Je dis telle doit être la noblesse, car, telle elle était autrefois quand les choses se passaient dans l'ordre, c'est-à-dire quand l'esprit vivifiait la lettre, que la chose était plus que son signe ; en un mot, quand un nom n'était pas réduit à la simple expression d'un objet de luxe, d'une parure de bon ton. Nos anciens preux devaient gagner, devaient mériter leur titre avant de le porter... En est-il de même aujourd'hui ? Non assurément ; mais en politique comme en religion on ne doit jamais condamner les institutions pour les fautes des hommes ; et il ne faut pas surtout détruire ces institutions quand les hommes seuls ont failli.

Je sais mieux que personne que la noblesse actuelle, en général du moins, ne devrait mériter aucun égard, aucune considération, puisqu'elle ne se trouve plus dans les conditions de son origine, qui l'*obligeait*, en *toute circonstance*, de payer de sa personne et de ses écus pour le service du Roi et du pays. Je n'ignore pas que, depuis 1715, tout bien compté, c'est la noblesse qui a fait le moins de sacrifices à la société française (1); les débauches de la noblesse de cour, sous le régent d'Orléans et sous Louis XV, ont fait descendre et comme inoculé la corruption dans le peuple (2), essentiellement imitateur de sa

(1) J'ai communiqué les principaux passages de cette préface à M. le comte de Saint-Roman, l'un des hommes les plus remarquables que la France ait possédés sous le rapport du dévoûment à la monarchie et du savoir scientifique, et dans la famille duquel les vertus sont héréditaires. Les réflexions du noble comte me paraissant être beaucoup plus une censure juste et sévère qu'un éloge, je donne en note les observations qu'il m'a fait l'honneur de m'adresser :

« M. Dollé a été ici circonvenu par les préjugés du moment. Je » ne connais au contraire que la noblesse pour avoir fait des sacri- » fices, à l'exception toutefois des cultivateurs de la Vendée et d'un » petit nombre de personnes du tiers. Oh ! pour ceux-là, j'en con- » viens, ils étaient encore bien plus méritants que la noblesse, car » leurs intérêts ne paraissaient pas engagés dans la querelle. Ce n'é- » tait que pour les plus clairvoyants, que, par le fait, la sécurité de » tous les Français se trouvant menacée, il y allait aussi de leur » intérêt à faire des sacrifices pour prévenir la submersion. »

(2) Il y a certainement beaucoup d'exceptions à faire en faveur

nature (surtout lorsqu'il s'agit d'imiter le mal), et je crains bien que ce ne soit à elle qu'il faille reprocher le torrent d'impiétés et de scandales de toute sorte qui a, depuis cette époque, débordé sur notre malheureuse France. De plus, la noblesse a lâchement abandonné (1) et renié le Roi en 1792 et en 1830, quand elle pouvait sauver la monarchie ; et dans des temps qui ne sont pas éloignés de

de la noblesse de province, car, si elle demeure dans la même inaction que la noblesse de cour, jamais du moins elle n'est venue à Paris pour tapisser les antichambres ministérielles et brûler sa gloire au flambeau de la *civilisation*. D'ailleurs elle s'est toujours montrée digne de sa mission en versant son sang pour la défense du pays toutes les fois qu'elle a été requise par la Royauté.

(1) «Il faut être juste en tout, dit M. de Saint-Roman. J'admets tout ce qui précède sur la dégradation de la noblesse depuis la régence de Louis XV. Je vais même plus loin ; à des vertus souvent héroïques se sont toujours mêlées, chez la noblesse française, une indiscipline et un esprit d'indépendance maligne, frondeuse et futile, qui ont souvent été cause de grands malheurs, et qui, dans nos guerres, ont engendré les cohues et les défaites de Poitiers, d'Azincourt, etc. Je reconnais que ce défaut subsiste encore dans toute sa force, et qu'il s'est montré sans la moindre amélioration dans les armées de la Vendée et de l'émigration. Mais *je m'inscris en faux* contre le mot *lâchement abandonné*. La Vendée immortelle est une preuve irrécusable qu'il n'y a pas eu d'abandon.

» L'émigration ne fut pas non plus un abandon, mais une suite de l'impossibilité de ne rien entreprendre au sein de la France, de ce pays livré, dans sa capitale et toutes ses provinces (à l'exception de cette même Vendée et de quelques districts du Midi), à un délire sans exemple dans l'histoire ; et quant au mot *lâchement*, il est rudement démenti chez tous ceux qui connaissent l'histoire des campagnes auxquelles ont coopéré les différents corps d'émigrés. Il est positif qu'avant que Bonaparte eût établi *l'ordre et la science* militaire dans les armées françaises, celles-ci n'ont jamais vaincu qu'à force d'hommes, et que (si j'en excepte Quiberon) partout où elles ont rencontré les émigrés elles ont été repoussées, et quelquefois, malgré leurs fabuleux bulletins, très honteusement et avec de grandes pertes. Voilà la vérité, et cette vérité m'oblige aussi à dire que les défauts inhérents à la noblesse française ont passé tout entiers à ses descendants ; qu'en 1830, et depuis, le rôle de ces descendants s'est réduit à bien peu de chose ; qu'ils ont conservé la légèreté et le goût *du brillant* qui caractérisaient leurs aïeux, dont ils ne peuvent plus égaler les folles et souvent *immorales* dépenses qu'en achevant de se ruiner tout à fait, et cela pour des artistes et d'autres industriels qui, à leur tour, mus par un autre esprit de vertige et de vanité, leur en nous, et alors que des révoltés foulaient aux pieds ses écussons et crachaient au visage de ses aïeux, ce n'est qu'en tremblant qu'elle a osé, comme le plus humble roturier, donner *quelquefois* son avis sur les affaires d'un état dont elle devrait être le premier et le plus inébranlable appui, la parole haute et la main sur la garde de son épée. Quand, un genou en terre, on a prononcé ces paroles solennelles : « Je jure à mon Dieu et à la face de son Église, » et vous promets, Sire, sur ma foi et mon honneur, que je » vous porterai obéissance comme un bon et loyal sujet doit » faire... jusqu'à la mort »; quand on a fait un pareil serment, dis-je, et qu'on s'appelle Montmorency, Molé, de Noailles, d'Harcourt, Larochefoucaud, de Beauffremont, de Nicolaï, Choiseul, d'Orléans, et que, si l'on est quelque chose, c'est

savent très peu de gré, et se déclarent les ennemis de ceux qui ne seront jamais remplacés tant que l'envieuse démocratie triomphera parmi nous.»

Depuis que j'ai commencé cette préface, j'ai eu occasion de m'enquérir mieux des faits, et je suis sûr que la meilleure partie de la noblesse a fait son devoir en 1792; mais alors c'est un nouveau et sanglant reproche adressé à la noblesse de nos jours, qui ne s'occupe que de frivolités, souvent même compromettantes pour sa dignité.

Ensuite je suis heureux de penser que le noble comte de Saint-Roman n'a pas eu l'intention de mettre au nombre des dépenses immorales de la noblesse les encouragements qu'elle a pu donner aux artistes, car alors ce serait une censure bien amère de la conduite de nos plus grands rois, et une injustice manifeste envers les hommes *de peu* qui ont en général témoigné leur gratitude aux souverains et aux grands seigneurs en dotant notre pays de livres, de tableaux, de monuments, qui sont tout à la fois la gloire des bienfaiteurs et des obligés.

Quant à la guerre de la Vendée, elle fut bien plus l'ouvrage des cultivateurs, des ouvriers royalistes, que des nobles; et dès que quelques triomphes furent remportés par les prolétaires, nous avons vu les nobles généraux en perdre le fruit en se divisant, en voulant tous commander. — Consciencieusement, quel reproche peut-on adresser aux hommes de juillet, qui se disputent le pouvoir, si les royalistes leur ressemblent, même en 1846, et forment autant de camps que de personnes ! Est-ce là le moyen de persuader et de vaincre ?... Non : c'est combattre contre sa cause, et l'on peut, avec vérité, dans cette circonstance, rappeler cette sublime parole de l'Évangile : « Quiconque ne travaille pas pour moi est contre moi. »

à ses aïeux qu'on le doit, il faut défendre la foi de ses ancêtres, jusqu'à la dernière goutte de son sang, jusqu'a la dernière parcelle de son or, ou consentir à être la risée de tout homme qui a conservé quelque respect pour le devoir.

« Qui voudra contrepeser les charges de la noblesse, di
» sait le chancelier de France aux États de Blois de 1576, à
» raison desquelles ses prérogatives et franchises ont été
» octroyées, jugera qu'elle ne les a gratuitement, étant
» sujette de prendre et porter les armes pour la tuition et
» défense du royaume et du Roi; abandonner leurs femmes,
» enfants et maison, pour aller aux frontières , et faire de
» leur corps comme un rempart à tout un pays; accompa
» gner le Roi à toutes ses expéditions (1); *employer et la vie*
» *et les biens pour le service du Roi*, pour le bien public et le
» repos universel. »

Tous les nobles se sont-ils montrés fidèles à cette grande mission d'abnégation et de dévoûment dont parle Claude de

(1) Un bon nombre de nobles se montrèrent dignes de leur nom sous Henry IV, aussi triomphèrent-ils !... Cependant ce prince fut obligé de les appeler nommément et à plusieurs reprises par des lettres gracieuses, quand ces lettres auraient dû être aussi sévères qu'un rappel au devoir et à l'honneur. Ce prince écrivait entre autres à l'illustre et dévoué de Lubersac :

« J'ai entendu, par Boyne, des nouvelles de vos blessures, qui
» m'est un extrême deueyl. Dans ces nécessités , un bras comme le
» vôtre n'est de trop dans la balance du bon droyt. Hâtez-vous de
» l'y venir mettre, et de m'envoyer le plus de vos parens que vous
» pourrés. D'Ambrugeac m'est venu joindre avecque tous les syens,
» *chasteaux en groupppe* s'il l'ut pu. Je m'assure que vous ne serez
» pas des derniers à vous mettre de la partie. Yl n'y manquera pas
» d'honneur à acquérir. Je sais votre fason de besogner en telle afère.
» Adieu donq et ne tardés. Voici l'heure de fère merveylles.
»   » Votre plus assuré amy, Henry. »

Henry IV disait bien, c'est *chasteaux en groupppe* que les nobles doivent aller soutenir le Roi soit contre les factieux, soit contre les étrangers, et c'est ainsi que le comprenait Claude de Beauffremont, sous la Ligue , lorsqu'il disait aux états-généraux : « Sire , nous nous offrons *contre toutes personnes*, comme très loyaux et très obéissants sujets, avec nos biens, nos corps, nos vies, jusqu'à la dernière goutte de notre sang, pour être employés à votre service, comme nos prédécesseurs ont toujours fait. »

Beauffremont? et l'intolérable égoïsme, l'incompréhensible indifférence du plus grand nombre, n'engage-t-il pas à rechercher l'origine des droits? « Si, dépouillée de la mousse du temps, a dit M. de Serre, la racine de tous les droits pouvait se découvrir à nos yeux, apparaîtraient-ils purs de toute usurpation, de toute souillure? » C'est à dire, en termes précis, si l'on demandait aujourd'hui à chaque patricien : Qui t'a fait noble, et pour quelle action as-tu été fait noble? il en est beaucoup qui gagneraient à garder le silence, car les uns se souviendraient de l'inconstance de leurs aïeules, des services honteux rendus par quelqu'un de leurs ancêtres, ou bien encore de l'achat de quelque propriété avec des écus équivoques. Les hommes d'épée ont quelquefois pillé et volé les peuples, ou ont vendu la France à l'étranger par des pactes infâmes; les hommes de robe se sont faits courtisans et ont rendu des services aux grands, quand ces grands vendaient la justice aux Français. En 1358, on murmurait aussi contre la noblesse. « Si le Roi (1) est » loin de sa capitale, disaient de pauvres paysans dans une ». supplique; si le Roi est loin de sa capitale, c'est la faute » des nobles et des grands seigneurs, de ces chevaliers, qui » auraient dû le défendre jusqu'à la mort, et qui l'ont » laissé prendre? Et quels efforts font-ils pour le délivrer...? » A quoi sont-ils bons!... »

Est-ce qu'on ne pourrait pas en dire autant de nos jours?

Lorsque les nobles révolutionnaires et leurs alliés les Anglais désolaient la France au XVe siècle, Charles VII trouva encore une vingtaine de gentilshommes dévoués, prêts à relever la bannière aux fleurs de lys d'or et à sacrifier leur fortune et leur vie pour la noble et sainte cause de la royauté, en abandonnant TOUT pour combattre les étrangers et les factieux, et Sully vendait ses propriétés pour payer les dépenses du roi Henry. Les nobles actuels ressemblent-ils à leurs ancêtres? Ils semblent, au contraire, avoir oublié tout à fait la condition de leur existence, puisqu'ils

---

(1) C'est de Charles V qu'il est ici question. (V. M. Naudet.)

craignent de faire le moindre sacrifice pour la défense de leur foi politique.

Avec un peu plus de désintéressement, de dévoûment, les riches et les nobles monarchistes auraient peut-être déjà triomphé ; aussi ce n'est pas sans raison que M. H***, député et révolutionnaire comme son père, voyant tout ce qui se passait alors, disait dès 1836, à l'un de nos amis : « Si nous étions à la place des royalistes, il y a long-temps que notre cause serait gagnée. »

Je le crois, car on se souvient que sous la Restauration les *comédiens* étaient tout un pour combattre ; ils avaient une bourse commune, où l'on puisait pour détruire la royauté, pour payer des journaux, des pamphlets, des chansons ; puis on avait des fonds donnés par tous pour acheter des projectiles, qui devaient un jour être lancés au pouvoir. Aujourd'hui les Royalistes s'encellulent, eux, dans un étroit égoïsme, et ils attendent, les bras croisés, le résultat de la lutte ! Ils s'enferment hermétiquement dans leurs hôtels ou leurs châteaux ; au lieu de s'unir, de s'associer, pour être forts, ils se divisent et s'isolent chaque jour davantage ; l'été ils partent pour leurs terres, où ils vont se reposer, non pas des combats qu'ils ont livrés aux mauvaises passions, mais des fatigues de quelques bals donnés le plus souvent par leurs adversaires, et surtout de leur oisiveté en toute chose. En présence de cette incompréhensible conduite des nobles, quel sera donc le La Hire qui s'écriera, comme autrefois : « On ne perd pas plus joyeusement le plus beau royaume du monde !... »

Néanmoins, malgré l'indifférence générale, un effort de dévoûment a fait créer plusieurs journaux destinés à faire ressortir cette grande vérité, que les révolutionnaires ne nous ont rien apporté de bon ; que les uns déshonoraient la France, tandis que les autres la ruinaient, comme l'ont avoué MM. Thiers et Guizot en pleine chambre des députés. Cependant ces zélés protecteurs de la vérité n'ont pas tardé à se fatiguer de leurs légers sacrifices, et ils ont laissé mourir d'inanition *le Séquanais*, la *Gazette de Bour-*

gogne, la *Gazette de Bretagne*, la *Gazette du Maine*, *l'Ami de la Vérité*, la *Gazette Universelle*, le *Légitimiste*, *Brid'Oison*, le *Revenant*, la *Gazette d'Auvergne*, la *Gazette de Normandie*, *l'Europe monarchique*, la *Gazette du Dauphiné*, etc., etc. ; et tout récemment encore cet organe si dévoué qui défendait la cause monarchique avec une si *énergique bonne foi*, pour parler comme M. de Chateaubriand, le *Journal du Bourbonnais* est tombé, parce que les royalistes n'ont pas voulu tirer quelques louis de leur bourse... Et tout cela malgré les protestations que MM. de C*** et M*** ont adressées à mon noble et courageux ami, M. de Rubelles, qui a expié

> Par six mois de prison
> L'impardonnable tort d'avoir cent fois raison.

M. M*** écrivait à M. de Rubelles : « Plus d'une fois par jour je maudis le vice honteux qui ronge le cœur de ceux que la Providence semblait avoir mis là pour étayer de leur pouvoir pécuniaire cette tribune que le royalisme avait élevée dans la province du Bourbonnais, et que le système dominant cherchait à renverser par tous les moyens imaginables.

» Oui, le *Journal du Bourbonnais* avait « une énergique bonne foi » qui faisait trembler tout le camp ministériel..... *Indè iræ.* C'est chose malheureusement trop vraie, l'égoïsme est devenu une maladie incurable ; c'est une gangrène qui se communique non seulement au toucher, mais encore au simple aspect de celui qui en est atteint : véritable choléra-morbus étouffant en un clin-d'œil les sentiments honorables dont naguère encore faisait parade celui qui s'en trouve frappé, etc. »

Mais qu'importent ces protestations de cœurs droits et généreux ? Elles ne sont comprises de personne ; et si nos plus magnanimes grands seigneurs consentent quelquefois à acheter un ouvrage royaliste ou à s'abonner à une feuille monarchique, ce n'est pas toutefois sans avoir essayé, en faisant une gracieuse risette au caissier, d'obtenir une petite remise comme le moindre commis de librairie ! Mais il n'en est pas ainsi quand ils s'abonnent à *la Presse*, au *Constitutionnel*, au *Journal des Débats*, et voire même à *la Réforme*, parce qu'ils peuvent au moins, comme compensation, montrer leur puissance d'écus et laisser lire à leurs enfants des feuilletons qui traînent leurs aïeux dans la boue.

Et pourquoi pas ? qu'importe à M. le marquis de *** que tel journal royaliste cesse de paraître faute de cinq ou six louis pour sa quote-part, s'il peut avoir, le soir, pour cinquante écus la loge B de l'Opéra, quand M. le duc de *** n'aura eu que la loge C ! Qu'importe à M. le baron de *** que M. de Rubelles ait fait six mois de captivité (1) pour la cause de tous, et que le *Journal du Bourbonnais* ait succombé sous les coups du fisc, si la paire de chevaux qu'il vient d'acheter peut le faire remarquer quelques minutes de plus aux promenades de Longchamps, dans un *steeplechase*, en compagnie d'amazones saint – simoniennes ; ou bien si ces grands seigneurs, ducs, et marquis ou barons peuvent polker à Mabille et au Château-Rouge deux ou trois fois par semaine avec une prostituée, dont ils s'avouent les sujets, quand ils laissent rouiller leur épée qui pourrait être si utile à la défense du Droit et du Pays !... — Pitié !!..

Le fait suivant, dont j'ai été le désolé témoin, est aussi une preuve de l'inique indifférence des royalistes. Au mois d'août 1840, je me trouvai dans une petite ville de Normandie, lorsque nous parvint la triste nouvelle de l'accident arrivé à monseigneur le duc de Bordeaux ; je proposai tout de suite de faire et de signer une adresse au prince pour lui témoigner toute la part que nous prenions au malheur qui devait contrister tous les honnêtes gens. Eh

(1) Personne n'ignore la fin déplorable de M. de Rubelles. Dégoûté de l'affreux égoïsme qu'il rencontrait partout, lui, homme si dévoué, en attendant sans doute le réveil de la France royaliste, il accepta la noble hospitalité qui lui fut offerte chez madame ***, et, peu de temps après, le cheval de la voiture s'étant emporté, M. de Rubelles tomba pour ne plus se relever que devant Dieu, son seul équitable juge. Pour moi, j'ai perdu en lui un ami sincère, la Religion et la Royauté un défenseur ardent et éclairé.

bien, le croirait-on? sur cent personnes qui se paraient avec orgueil du titre de royalistes, et qui se vanteront peut-être plus tard de leur dévoûment à la cause des Bourbons, je n'ai trouvé qu'une dixaine de signatures pour ma lettre de condoléance à l'auguste héritier de Louis XIV (1)! Et pourtant cette démarche n'était pas compromettante. Et pourtant il n'était pas question d'argent!...

Cette indifférence des royalistes fortifie singulièrement les hommes de Juillet; pourtant que les Orléanistes ne s'en réjouissent pas trop, car elle existe au même degré chez leurs défenseurs; c'est une épidémie universelle aujourd'hui. A ce propos, un des plus spirituels feuilletonistes des *Débats* me disait, au mois de février 1843 : « La cause roya-
» liste est une grande et bonne cause; mais je ne ferais rien
» pour qu'elle triomphât, parce que je suis heureux. Je ne
» descendrais pas deux marches de mon escalier pour rame-
» ner M. le duc de Bordeaux; mais, si j'apprenais qu'il
» vient d'arriver à Paris, je sauterais, s'il le fallait, par la
» fenêtre pour avoir l'honneur de lui présenter mes hom-
» mages. »

(1) Je crois devoir reproduire cette lettre, qui fut accueillie avec une bonté toute bourbonnienne par M. le comte de Chambord :

Monseigneur,

« C'est avec la plus profonde affliction que nous avons acquis la
» certitude de l'accident arrivé à V. A. R. dans la journée du 28
» juillet dernier : les royalistes devront désormais inscrire deux fois
» cette date dans les archives néfastes de notre monarchie sécu-
» laire !.....
» Puisqu'il ne nous est pas permis de nous joindre en ce moment
» aux Français qui vont porter à V. A. R. l'assurance de toute la
» part que les royalistes prennent au nouveau malheur qui vient
» éprouver la famille royale et la France monarchique, permettez-
» nous de dire à V. A. que nos vœux sont aussi ardents que sincères
» pour le prompt rétablissement d'un prince qui, dès sa naissance,
» fut appelé l'Enfant de l'Europe, l'Enfant du Miracle. Nous sommes
» heureux de croire que la Providence écoutera nos invocations,
» et qu'elle conservera l'unique rejeton de tant de bons rois, le der-
» nier et glorieux débris de la *fortune de la France.*
» Demain, 15 août, on célébrera dans nos églises le 204e anni-

Et si quelques feuilles royalistes sont divisées entre elles sur les moyens de sauver la France, est-ce que *la Presse*, le *Journal des Débats* et *l'Epoque*, ne sont pas constamment en guerre pour savoir celui d'entr'eux qui mérite le mieux un brevet-Gannal destiné à conserver la révolution?.... Et tout récemment encore, à propos du mariage de M. le comte de Chambord, un journal de Paris, *l'Esprit public*, racontait la curieuse annecdote que voici :

« Un des principaux fonctionnaires de la cour de Charles X,
» fort ami du nouveau marié de Froshdorff, rencontre le
» plus gros financier de notre époque. Le personnage aurait
» été fort bien autrefois avec la Restauration; mais il est au
» mieux aujourd'hui avec les puissances du système; il fait
» le haut et le bas dans nos finances; il a les meilleures lignes
» de chemins de fer; il est tout puissant au château et au
» ministère; il commandite les entreprises contre la mau-
» vaise presse, et il a mis ses primes au service de la cor-
» ruption. Depuis long-temps il avait perdu de vue, et tout
» naturellement, le légitimiste tombé. Celui-ci est tout
» étonné de se voir aborder dans la rue par l'opulent ban-
» quier, qui lui adresse ce brusque compliment :

« Ce bon prince! que je suis heureux du bonheur qui lui

» versaire du jour où le roi Louis XIII mit son royaume, sa famille
» et sa couronne, sous la protection de la très sainte Vierge.
» Vous êtes, Monseigneur, l'héritier direct et légitime de
» l'illustre fils d'Henry IV; nos prières de ce jour vous seront
» donc entièrement consacrées. Puisse le ciel les exaucer!...
» Nous sommes, Monseigneur, etc.
» Torigni, 14 août 1841. »

Le lendemain, en effet, l'antique chapelle des princes de Monaco, l'église Saint-Laurent, nous trouva rassemblés, et c'est de tout cœur que nous accompagnâmes ces versets de l'*Exaudiat*, que toute la population de Torigni chantait en ce grand jour de l'Assomption :
« Que le Seigneur vous exauce au jour de l'affliction; que le
» nom du Dieu de Jacob vous protége.... Nous nous réjouirons de
» l'assistance que vous recevrez, et nous élèverons l'étendard au nom
» de notre Dieu... Nos ennemis mettent leur confiance en leurs cha-
» riots et dans leurs chevaux; pour nous, nous invoquerons le nom
» du Seigneur notre Dieu..... »

» arrive. Il se marie donc? Adressez-lui mes félicitations,
» et, je vous en prie, ne m'oubliez pas auprès de lui. »

Malheureusement l'exemple que je viens de citer n'est
pas l'unique ; le cynisme aussi bien que l'indifférence dévo-
rent le sein de notre société, et quelques grains d'abnégation, de dévoûment, pourraient seuls la guérir. Espérons
donc que les hommes supérieurs le comprendront à temps, et
qu'ils agiront désormais autrement qu'ils n'ont fait jusqu'ici ;
car, soyons de bonne foi, depuis 1815 « les hommes de
» bien ont-ils fait tout ce qui était en eux pour combattre
» une faction qui ruine et déshonore notre patrie, et ne
» doivent-ils pas s'imputer la plus large part dans les résul-
» tats désastreux qui ont eu lieu ? disait un journal le 17
» avril 1842. Les gens de bien ont-ils usé de leur influence
» sociale, de leurs droits de citoyens, de leurs talents, de
» leur fortune, afin d'opposer des obstacles réels, effectifs,
» à la marche du fléau qui nous dévore ? Ont-ils poursuivi
» d'une indignation infatigable les hommes qui ont faussé
» tous les principes, usurpé tous les droits? Ont-ils fait
» enfin tout ce qu'ils pouvaient faire pour rendre impossi-
» ble le règne des méchants et des hypocrites ? Bien peu,
» nous le croyons, pourraient se faire une réponse satisfai-
» sante..... Et pourtant les devoirs des gens de bien sont
» grands envers la société ! Dieu, qui leur a révélé les vé-
» ritables principes sociaux, qui les a établis dans l'honneur
» et dans l'estime des hommes, qui les a préposés en quel-
» que sorte comme les chefs et les princes de son peuple,
» pour protéger les faibles et les simples contre les séduc-
» tions des fourbes, contre l'oppression des méchants, leur
» a imposé l'obligation de se dévouer, au besoin, pour la
» défense des principes, pour le rétablissement de l'ordre,
» pour le salut de la patrie. Ils doivent à la France, à eux-
» mêmes et à Dieu, des œuvres selon leur foi politique ;
» ils doivent exercer une action quelconque dans le sens
» de leur conviction, de leur situation sociale, une action
» contraire au règne et aux développements du mal ; ou
» plutôt leur vie entière ne doit être qu'un ensemble d'ac-

» tions toutes dirigées contre les causes de ruine et de dis-
» solution qui travaillent notre société. »

On voit que la *Gazette de France*, en stimulant le zèle des
classes supérieures, ne s'adresse pas aux nobles, mais aux
gens de bien ; c'est qu'en effet il n'y a plus de noblesse mi-
litante en France. « Y a-t-il une aristocratie française au-
» jourd'hui, se demandait M. Henry de Riancey dans
» *l'Union Catholique* du 27 septembre 1842 ? Il y a bien en-
» core quelques débris de l'ancienne noblesse ; il y a bien
» quelques noms historiques qui ont échappé au naufrage
» de l'antique société ; il y a bien un certain nombre d'hom-
» mes *puissants par leur richesse actuelle*, par leurs talents ou
» leurs mérites. Le vent des révolutions a poussé sur les
» premières lignes d'heureux privilégiés, enfants gâtés de
» la fortune ou de la faveur. Mais tout cela est-ce une aris-
» tocratie ? Non. L'aristocratie ne se base que sur le sacri-
» fice et l'honneur. Le sacrifice ! et le sacrifice héréditaire,
» c'est-à-dire le dévoûment de la vie, des biens, de toutes
» les facultés, pour le service du pays ; l'abnégation de soi,
» l'emploi absolu et désintéressé de tout son être, de son
» génie, de sa sagesse, de sa valeur et de sa force, pour le
» bien, la défense ou la gloire de la nation. L'honneur ! et
» l'honneur héréditaire, consécration du droit inaliénable
» de mourir pour la patrie, récompense héréditaire et qui
» n'est que le prix du sang et la dette de la gloire. C'est
» cette double perpétuité qui forme un corps persévérant
» et conservateur, intéressé au plus haut degré à la gran-
» deur du pays, dans lequel il occupe le premier rang, et
» dévoué par position, par nécessité, à la prospérité et à
» la puissance de la patrie. Cette double condition manque
» aux classes supérieures de la France : nous avons des aris-
» tocrates sans aristocratie, et c'est là une de nos grandes
» plaies... Grands et riches de la terre, qu'avez-vous fait
» pour le peuple ? Qu'avez-vous fait pour le soulager, pour
» l'instruire, pour le moraliser ? qu'avez-vous fait pour lui
» assurer le travail des six jours et le repos du dimanche ?
» qu'avez-vous fait pour l'éducation de ses fils et de ses

» filles? qu'avez-vous ..it pour lui inspirer le respect de
» l'autorité, l'amour de ses devoirs, la résignation pour
» cette vie, l'espérance pour l'autre? Hommes du pouvoir,
» hommes de l'aristocratie, hommes de la bourgeoisie sur-
» tout, vous aurez un terrible compte à rendre! Et lorsque
» la voix suprême vous demandera : Qu'avez-vous fait de
» votre frère? en vain répondrez-vous : Et qui me l'avait
» donné à garder? Le juge ne vous écoutera pas, car il vous
» a créés les tuteurs et les soutiens des pauvres et des pe-
» tits! il les a remis sous votre garde comme des enfants
» sous la garde de leur aîné, et malheur à vous si vous
» avez trahi la sainte mission qui vous était départie! »

III.

Malgré mes justes griefs contre les puissants de la terre,
je n'en défendrai pas moins toute ma vie la noblesse. Et
parce que des nobles n'ont pas toujours donné et ne donnent pas encore aujourd'hui le bon exemple qu'ils doivent, l'institution de la noblesse ne m'en semble pas moins
excellente, et peut devenir, comme elle l'a été, utile et glorieuse au pays. Je veux être comme le lierre qui s'attache
pour la vie aux flancs d'un chêne majestueux, quoiqu'il
secoue quelquefois, sur son maigre feuillage, l'orgueil
de ses vieux rameaux........ Je garderai jusqu'au bout
la position que j'ai prise. Si l'arbre, revêtu de son épaisse
écorce, me livre parfois sans défense aux vents impétueux
et incessants de l'adversité, en attendant des jours meilleurs, je me souviendrai avec joie des temps heureux où
ce même chêne, moins fier de son élévation gigantesque,
daignait abriter mes jeunes années de son vert feuillage
contre les brûlants rayons du soleil; mais reviennent des
jours d'orages, et le chêne retrouvera, jusqu'à sa mort, le
pauvre lierre toujours prêt à faire de nouveaux efforts pour
couvrir le roi des forêts de sa frêle existence, et pour tenir
unies à son tronc vénérable toutes les branches que la
tempête essaierait d'en arracher.

Je respecterai, j'honorerai donc toujours la noblesse,

quand même les nobles, oubliant leur origine, auraient momentanément dégénéré (1); comme j'aimerai toujours la religion de Jésus-Christ, quand même il se trouverait, parmi ceux qui l'enseignent, quelques prêtres qui comprendraient au rebours leur mission toute de charité et d'abnégation.

J'ai dit plus haut que les nobles avaient été souvent, presque toujours, les seuls ennemis du Roi et de la France ; j'ajouterai qu'eux seuls aussi furent des révolutionnaires véritables, et que, sans leur appui ou leur instigation, aucune émeute n'aurait triomphé. Il ne me serait pas difficile de prouver cette vérité en ouvrant quelques pages de notre histoire : dès le berceau de la monarchie, je trouverai les nobles le plus souvent occupés à ourdir des intrigues, à faire des révolutions, et cela depuis les Enguerrand de Coucy et les comtes de Boulogne du treizième siècle, jusqu'aux Choiseul, aux Lafayette et aux d'Orléans de nos derniers siècles. Mais j'aime mieux jeter momentanément un voile épais sur ce hideux passé de quelques membres de la noblesse, et dire aux puissants de nos jours en finissant cette trop longue préface, ces paroles que me dictent à la fois et mon amour pour la France et mon désir sincère de voir la noblesse reconquérir le rang qui lui appar-

(1) « Encore une fois je conviens de cette dégénération, à laquelle l'oisiveté forcée où vit maintenant la noblesse contribue peut-être plus que tout le reste. Militairement parlant, à moins de servir une cause qu'elle abhorre, *elle ne fait plus rien et n'apprend plus rien*. Dans la magistrature, elle ne peut plus être comme elle l'eût été autrefois (à moins de déserter la cause d'honneur qu'elle doit défendre), elle ne peut plus être assez haut placée pour embrasser d'un coup d'œil tous les intérêts, et pour acquérir la gloire, qui, parmi les hommes de science, n'appartiendra jamais qu'à ceux qui peuvent saisir les points culminants d'où tout découle et s'enchaîne. Que leur reste-t-il donc ? Précisément ces traditions de frivolité, qui, comme je disais tout à l'heure, achèveront de la perdre. Mais la démocratie n'a nullement à s'en réjouir, car comme l'a dit très bien M. de Fonfrède, si la démocratie est un stimulant nécessaire dans les états, elle est aussi la cause de mort et de dissolution qui s'y introduit dès le premier jour, et qui, aujourd'hui, ne laisse que bien peu d'espoir pour le salut de la France. »　　　(*Note de M. le comte de Saint-Roman.*)

tient dans l'État. Si mes paroles sont amères, brutales même en quelques endroits, c'est que je parle à des hommes qui peuvent sauver mon pays d'une ruine certaine, et qui l'abandonnent joyeusement sur le penchant d'un abyme...... qui les engloutira des premiers, s'ils continuent à rester sourds à la voix agonisante de la France, qui leur crie avec moi :

« Vous avez une grande et noble revanche à prendre, Messeigneurs ; vous voyez que la société française est en péril, soyez ses sauveurs? « C'est moins à ses forces qu'à » votre indolence et à votre corruption que Philippe a dû » tous ses succès, disait Démosthènes aux Athéniens (1) ». Royalistes français, faites qu'on ne puisse pas dire pareilles choses de vous. On vous a accusés d'égoïsme, d'indiscipline, de mollesse ; montrez-vous désormais généreux, dévoués, obéissants à la voix de l'honneur, de l'autorité ; commencez immédiatement le combat à outrance contre toutes les mauvaises passions. Quittez, comme les preux sous Saint Louis, quittez vos biens, vos femmes et vos enfants, pour cette nouvelle croisade contre des infidèles non moins à craindre que les sectateurs de Mahomet, s'il est permis de comparer les intérêts humains aux intérêts sacrés de nos divines croyances. A quoi vous servira tout l'or que vous accumulez, si vous ni vos enfants ne pouvez en jouir? A quoi vous servent les plaisirs mondains, les vaines frivolités, qui accaparent tous vos instants, qui subjuguent votre raison et seuls font naître vos désirs? Ils achèvent de vous perdre dans le présent et dans l'avenir. Essayez, à l'exemple des hommes vraiment glorieux dans nos annales, essayez de l'abnégation : ce n'est qu'à ce prix que vous vaincrez. Si vous ne pouvez vous jeter dans la mêlée et ceindre personnellement l'épée, donnez l'accolade et la gourde à ceux qui s'y précipitent pour vous, et la France ne vous en accordera pas moins une part de la victoire, ne vous en devra pas moins son repos ; et ainsi, en travaillant pour elle, vous aurez travaillé pour vous et pour les vôtres, qui jouiront dé-

(1) Démosthènes, IIᵉ Philippique.

sormais en paix du fruit de *nos triomphes*. Si vous croyez que votre cause est juste et bonne, vous devez la servir comme telle, c'est-à-dire avec l'ardeur que donne une conviction sincère ; si vous vous abstenez encore, c'est que vous manquez de foi dans votre cause et de courage dans votre volonté ; c'est que la bannière royale est trop lourde pour votre bras amolli par l'oisiveté ; car, encore une fois, « les paroles ne sont rien, la foi se prouve par les actes. »

» Riches et nobles, vous qui vous parez encore avec orgueil du titre de Royalistes, non pas comme d'un manteau de luxe, ainsi que font plusieurs, mais comme d'un sacerdoce, n'oubliez jamais que le droit n'est fort que lorsqu'il est appuyé sur le devoir ; que la monarchie, les ordres de l'état, la vaste et glorieuse société française, n'ont pas été fondés et conservés pour la satisfaction de vos frivolités personnelles. La fortune dont vous jouissez ne vous appartient pas..... Non, elle n'est pas votre propriété, vous n'en êtes que les dépositaires ; vous n'êtes que les usufruitiers de ces biens dont le Roi ou l'État ont enrichi vos pères pour récompenser leur dévoûment. Vous en avez hérité, il est vrai, mais quand vous en usez pour vous seuls et dans un but étranger au bonheur du pays, soit par vous, soit par les vôtres, vous volez autrui, vous scandalisez vos semblables, vous trahissez le Roi. Si vous croyez au principe que vous proclamez le meilleur, vous devez tout lui sacrifier, amis, fortune, liberté, honneurs, famille (1) ; vous devez

---

(1) S'il devait en être autrement, je rougirais à votre front, Messeigneurs, malgré mon obscure position, et le défenseur le plus digne de ma hardiesse serait M. le comte de Saint-Roman, pair de France démissionnaire en 1830, qui me faisait l'honneur de m'écrire, il y a peu d'années :

« Noblesse oblige, et, lorsque l'obligation n'est pas remplie, *le* » *noble n'a plus rien à prétendre dans l'estime des hommes :* c'est » alors que celui qui, sans motifs d'émulation et du sein d'une hum- » ble position de fortune, s'élance dans la carrière du devoir, devient » *noble de fait*, acquiert, dans l'appréciation des amis du bon ordre » et de la justice, plus que le noble de naissance *oisif et égoïste* n'a » dû perdre. Tels sont mes sentiments en général, et tels ils sont en » particulier à votre égard, mon cher Dollé. »

être hommes de bien jusqu'à la flétrissure de quelques uns, et, s'il le fallait, même sourire à l'échafaud.... sans vous soucier des propos blasphématoires des hommes qui vous condamnent. Si vous reculez devant cette tâche sociale, si vous repoussez de vos lèvres le calice amer du dévoûment, de l'émulation, le grand et le divin exemple du Christ, qui donne sa vie pour racheter les hommes, aura été nul pour vous... Et l'exemple de Louis XVI aussi, ce roi juste qui expie, victime innocente, les crimes de quelques uns de ses sujets, sera resté pour vous sans valeur et sans enseignement.

» J'espère, Messeigneurs, qu'il en sera autrement dans l'avenir que par le passé, et que si vous avez oublié trop long-temps que noblesse oblige, vous vous souviendrez désormais de ces paroles, qui sont le meilleur rappel au devoir : *La foi sans les actes est une foi morte.*

» Qu'avez-vous à craindre, pour faire bien, pour être unis? Alors qu'une cause comme la vôtre a pour défenseurs et pour représentants des hommes d'honneur, de foi, de dévoûment et d'intelligence, tels que MM. de Chateaubriand et de Lévis, Berryer et de Pastoret, cette cause doit triompher infailliblement, si tous les Royalistes savent faire leur devoir, puisqu'il ne s'agit que du bonheur du pays.

» Dans ce cas, il y aura gloire et prospérité pour la France; autrement, Dieu retirera de nous, une dernière fois, les bénédictions qu'il accorda toujours au royaume des fils aînés de l'Eglise : car TOUT ROYAUME DIVISÉ CONTRE LUI-MÊME SERA DÉTRUIT.

» Et puisse le Sauveur des hommes préserver le beau pays de France du sort déplorable de la malheureuse et révolutionnaire Pologne!... »

Sainte-Pélagie, le 1er avril 1845. »

Post-Scriptum.

La préface ci-dessus a été écrite il y a deux ans, et sous les verroux de Sainte-Pélagie. Je n'y ai rien voulu changer, quant au fond; mais, je dois l'avouer, en conscience, il s'est opéré, depuis cette époque, de notables modifications dans la manière d'agir de quelques nobles.

Le mariage de M. le comte de Chambord a été le véritable et le premier stimulant de ce miracle. Puis est venu l'appel du digne petit-fils d'Henri IV en faveur des malheureux de France, et, Dieu merci, son appel a été entendu, et son généreux exemple suivi déjà par bon nombre de Royalistes. Tant mieux, car Dieu ne fait jamais attendre l'acquit des prières tirées sur sa miséricorde, par les pauvres soulagés, en faveur de ceux qui ont été les interprètes de sa Providence en ce monde. Et quand, dans notre pays de France, la Charité a déjà été quelque peu écoutée, il est certain que la Foi et l'Espérance, ses deux sœurs bien-aimées de Dieu, lui viendront en aide.

CHARLEMAGNE

ET

LOUIS-PHILIPPE.

Que les hommes pervers qui cherchent à éloigner les rois du souvenir des assemblées nationales, en leur en exagérant les dangers, lisent donc la vie de Charlemagne! Qu'ils y apprennent qu'il ne se passa pas d'année qu'il n'assemblât la nation; et qu'ils sachent que cette nation n'était pas circonscrite dans les limites de la France, mais qu'il régnait sur l'Allemagne et l'Italie! Qu'ils y apprennent que ce héros gagna plus de batailles qu'ils n'ont commis de crimes et qu'ils n'ont ourdi d'infâmes et odieuses intrigues; et que cette même main qui présentait la loi au peuple et se soumettait à sa voix était la même que les ennemis ne pouvaient fixer sans effroi, et qui semblait avoir enchaîné la victoire!

Cte D'ENTRAGUES.

I.

Louis-Philippe d'Orléans, nommé roi des Français par la déclation du 7 août 1830, a adressé les paroles suivantes aux élèves des colléges de Paris qui, le 16 août 1838, sont allés à Versailles pour visiter le palais de Louis XIV :

« Jeunes élèves,

» J'ai voulu vous introduire moi-même dans ces belles galeries...
» J'ai voulu que vous jouissiez de *ce grand présent que j'ai fait à*
» *notre nation*, et que vous profitiez de ces beaux exemples de notre
» histoire, de tous ces *glorieux souvenirs de l'ancienne monarchie*
» *française*, qui valent bien ces républiques d'Athènes et de Rome
» *dont on vous occupe peut-être un peu trop*... Oui, jeunes élèves,
» c'est en apprenant bien à quel point *notre nation a été grande à*
» *toutes les époques de son histoire* ; c'est en étudiant profondément
» *les causes de sa grandeur et de sa prospérité*, que vous saurez vous
» préserver de toutes ces théories, de toutes ces utopies funestes, dont
» vos vertueuses inclinations, vos sentiments patriotiques, parvien-
» dront à vous garantir. »

Il ne m'est pas permis d'examiner l'intention qui a dicté ce discours;

et je ne veux pas savoir s'il a été fait avec l'espérance peu modeste d'imiter Louis XIV dans son amour pour les arts (1), ou bien pour éloigner de l'esprit des collégiens, qui deviendront hommes, l'exemple de cette république romaine dont l'un des sujets poignarda César parce qu'il avait usurpé le pouvoir suprême : d'abord ce serait m'écarter de mon sujet, ensuite les paroles de Louis-Philippe, dans cette circonstance, me semblent nobles et toutes françaises.

Non, assurément, notre ancienne monarchie n'a rien à envier à aucune nation de la terre, ni en liberté, ni en gloire, ni en puissance, et l'histoire de la société française est tout aussi riche d'hommes illustres et d'événements glorieux que l'histoire romaine.

Si Rome avait à la tête de ses armées Antoine, Pompée, César et Auguste, Clovis, saint Louis, Philippe-Auguste, François Ier, Henri IV et Louis XV, commandaient en personne à Tolbiac, à Taillebourg, à Bouvines (2), à Marignan, à Ivry et à Fontenoy !

(1) L'un de mes amis. M. M*** de P*** m'assurait dernièrement que, si Louis-Philippe avait fait restaurer Versailles ce n'était pas dans l'intention d'imiter Louis XIV, mais pour donner un démenti à ceux qui ont prétendu que Louis-Philippe avait toujours été l'ennemi de la restauration.

(2) M. Louis Pâris a publié récemment un livre très utile, sous le titre de *Chronique de Rains*. L'auteur de la *Chronique de Rains* écrivait vers le commencement du XIIIe siècle, c'est-à-dire au moment même de la célèbre bataille de Bouvines, qui se donna le 27 juillet 1214. Presque tous les historiens ont raconté comme vrai le sincère patriotisme de Philippe-Auguste, qui, au moment de livrer un combat dont allait dépendre le sort de la France, puisque la presque totalité de l'Europe était coalisée contre elle, offrit sa couronne à celui de ses barons qui se croirait plus digne que lui de la défendre et de sauver l'État. M. Augustin Thierry, par esprit de parti sans doute, a voulu deshériter notre histoire nationale de cette belle page, et, sans aucune autre preuve que son *bon plaisir*, il dit « qu'il est extravagant de croire qu'une pareille scène ait jamais » été jouée ailleurs qu'au théâtre. »

Un moine des Vosges, qui écrivait au XIIIe siècle, a pourtant certifié la véracité du fait ; mais M. Augustin Thierry nie cette autorité, « comme n'ayant » pu être en communication directe ou indirecte avec les grands personnages du » temps. » Grâce à la précieuse découverte de M. Louis Pâris, nous possédons maintenant une preuve irrécusable pour tout le monde, même pour M. Thierry. Le chroniqueur de Rains a été en communication *directe* avec le comte de Saint-Pol, « qui fist merveilles d'armes à Bovines, et fist tant qu'il prist par vive » force le comte de Boulongne. » Eh bien! le comte de Saint-Pol et le chroniqueur racontent tout naïvement le fait historique nié par M. Thierry. Voici les paroles que ce dernier met dans la bouche de Philippe-Auguste ; il les a ouïes du comte de Saint-Pol, qui était alors à côté du Roi, et qui venait de rompre le pain avec lui : « Signeur, vous iestes tout mi home, et je suis vostres sire, quels que » je soie, et vous ai moult amés, et portés grand honneur, et doué dou mien lar- » gement et ne vous fis onkes tort ne desraison, ains vous ai toujours menés par » droit. Pou çou, si prie à vous tous que vous gardés wi mon cors et m'onneur » et la voste. Et se vées que la corone soit mius emploié en l'un de vous qu'en

Si Rome a eu des capitaines tels que Caton, Brutus et Scipion, la France a eu des Charles-Martel, des Roland, des Duguesclin, des Montmorency, des Bayard, des La Hire, des Nemours, des Napoléon!

Si Rome a promené ses aigles victorieuses d'un bout du monde à l'autre, la France a conquis l'Italie, l'Afrique, la fière Angleterre, l'Egypte et l'Allemagne; ses vaisseaux ont plusieurs fois brûlé le nid de pirates établi dans l'Algérie, et ont porté la liberté et l'indépendance à Saint-Domingue et à l'Amérique; les armées de la France ont vaincu ou pacifié la Grèce, l'Espagne, la Belgique, la Hollande et la Suisse!

Si Rome a vécu sous les règnes de Marc-Aurèle et de Trajan, la France a eu saint Louis, Charles le Sage, Louis le Père du Peuple, et Louis le Martyr, pour législateurs et pour rois!

Si Rome honorait les lettres, les arts et les sciences sous Auguste, la France, elle, a eu l'incomparable siècle de Louis XIV. « Ce mo-
» narque, dit l'abbé Maury, eut à la tête de ses armées Turenne,
» Condé, Luxembourg, Catinat, Créquy, Boufflers, Montesquiou,
» Vendôme et Villars. Chateaubriand, Duquesne, Tourville, Du-
» guay-Trouin, commandaient ses escadres; Colbert, Louvois et
» Torcy, étaient appelés à ses conseils; Bourdaloue, Massillon, lui
» annonçaient ses devoirs. Son premier sénat avait Molé et Lamoi-
» gnon pour chefs, Talon et d'Aguesseau pour organes. Vauban for-
» tifiait ses citadelles; Riquet creusait ses canaux; Perrault et Man-
» sard construisaient ses palais; Puget, Girardon, Le Poussin, Le-
» sueur et Lebrun, les embellissaient; Le Nôtre dessinait ses jar-
» dins; Corneille, Racine, Molière, Quinault, La Fontaine, La
» Bruyère, Boileau, éclairaient sa raison et amusaient ses loisirs;
» Montansier, Bossuet, Beauvilliers, Fénelon, Huet, Fléchier,
» l'abbé de Fleury, élevaient ses enfants! »

C'est avec cet auguste cortége de génies immortels que Louis XIV, appuyé sur tous ces grands hommes qu'il sut mettre et conserver à leur place, se présente aux regards de la postérité. Si donc Louis-Philippe a eu raison d'opiner pour l'histoire de France contre l'histoire de Rome, il est facile de voir qu'il a cédé à un mouvement tout spontané, tout national, dont il faut lui savoir gré QUAND MÊME!

Je dis *quand même*, car les paroles du roi des Français seraient bien plus dignes encore si elles avaient été dites par M. le duc d'Or-

» moi, je mi otroi volentiers et le voél de boin cuer et de boine volente. » Barons et chevaliers crièrent: Vive Philippe-Auguste. Et le Roi de France remporta sur nos ennemis un des plus beaux triomphes qui aient jamais honoré les annales militaires de notre patrie. — C'était le 27 juillet 1214. On voit que tous les anniversaires de juillet ne sont pas également utiles et glorieux pour notre pays.

léans ! Car alors il eût été beau de voir faire l'éloge de l'ancienne monarchie française par celui qui, en 1807, voulait « *relever et soutenir* » *les trônes renversés par l'usurpateur* (1) » ; par celui qui, fidèle aux Bourbons *ses aînés* dans les Cent-Jours, eut l'bonneur de signer l'acte de naissance de Henri-Dieudonné en 1820. Mais M. le duc d'Orléans étant devenu volontairement roi des Français par la déclaration du 7 août, qu'il a acceptée, son discours aux collégiens acquiert une tout autre importance..... Pourquoi vanter un passé dont on s'est séparé sans nécessité ? Si la France a été grande et glorieuse à toutes les époques, avant 1830, pourquoi laisser incessamment calomnier l'ancien régime au profit du régime nouveau ?...

Pourtant, il faut bien le reconnaître, il y a une haute raison à désirer que les enfants s'occupent un peu moins de l'histoire romaine et un peu plus de l'histoire de notre pays. M. Villemain a dit quelque part « qu'il se chargerait volontiers de prouver que les républiques romaines et grecques ont commis plus de crimes à elles seules que toutes les monarchies du monde réunies ». Je le crois sans peine; aussi j'applaudis de toutes mes forces Louis-Philippe quand il dit « *Que l'ancienne monarchie française valait bien les républiques d'Athènes et de Rome.* »

Oui, c'est dans l'étude de notre histoire que les jeunes gens doivent puiser leurs enseignements et des exemples; notre monarchie séculaire en fourmille, et il faut avouer que les hommes d'aujourd'hui sont bien innocents quand ils envoient fouiller l'histoire de Charlemagne, de saint Louis et de Louis XII, car on ne trouve dans les archives des siècles passés que des armes contre le système révolutionnaire qui a régi la France depuis 1788. Mais voyons si, sous Charlemagne, les libertés publiques étaient plus grandes que dans ce *siècle de lumières*, et si, pièces en mains, nous n'avons pas tout à envier aux premiers siècles de notre monarchie, surtout au neuvième, que l'on aurait dû au moins prendre pour modèle, puisque l'on prétendait vouloir la liberté pour tous.

Charlemagne était un homme fermement dévoué à la gloire et aux intérêts de la France; il aimait le peuple autant que lui-même, et la liberté du peuple plus que la sienne propre.

Plus qu'aucun autre prince, peut-être, il mit en pratique ces préceptes de Fénelon : « Un roi peut tout sur ses peuples, mais » les lois peuvent tout sur lui. Il a une puissance absolue pour

(1) Extrait d'une lettre écrite par Louis-Philippe d'Orléans au roi d'Espagne, pour lui annoncer qu'il accepte le commandement des troupes espagnoles pour combattre les Français qui ont envahi l'Espagne.

» faire le bien et les mains liées dès qu'il veut faire le mal. Les
» lois lui confient les peuples, comme le plus précieux des dépôts,
» à condition qu'il sera le père de ses sujets. Elles veulent qu'un
» seul homme serve, par sa sagesse et sa modération, à la félicité
» de tant d'hommes, et non pas que tant d'hommes servent, par
» leur misère et leur servitude lâche, à flatter l'orgueil et la mol-
» lesse d'un seul homme. Le roi ne doit rien avoir au dessus des
» autres, excepté ce qui est nécessaire ou pour le soulager dans
» ses pénibles fonctions, ou pour imprimer au peuple le respect de
» celui qui doit soutenir les lois. D'ailleurs le roi doit être plus sobre,
» plus ennemi de la mollesse, plus exempt de faste et de hauteur
» qu'aucun autre. Il ne doit pas avoir plus de richesses et de plaisir,
» mais plus de sagesse, de vertu et de gloire, que le reste des hom-
» mes. Il doit être au dehors le défenseur de la patrie, en comman-
» dant les armées, et au dedans le juge des peuples, pour les rendre
» bons, sages et heureux. Ce n'est point pour lui-même que Dieu l'a
» fait roi, il ne l'est que pour être l'homme des peuples; c'est au
» peuple qu'il doit tout son temps, tous ses soins, toute son affection,
» et il n'est digne de la royauté qu'autant qu'il s'oublie lui-même pour
» se sacrifier au bien public. A proprement parler, il n'est que le dé-
» fenseur des lois pour les faire régner; il faut qu'il veille et qu'il tra-
» vaille pour les maintenir; il est l'homme le moins libre, le moins
» tranquille de son royaume : c'est un esclave qui sacrifie son repos
» et sa liberté pour la liberté et la félicité des autres. »

II.

Pour revenir à Charlemagne, je crois que la meilleure manière
de dire la vérité sur ce grand roi et sur son siècle est de rapporter d'a-
bord ce qu'ont écrit les différents historiens qui s'en sont occupés, et
de conclure ensuite; c'est peut-être aussi le seul moyen de passer
par les lois de septembre, lesquelles lois m'ont déjà privé du plaisir
d'établir un parallèle *personnel* entre Louis-Philippe et Charlemagne, quand il m'eût été si doux de vanter la libéralité, la franchise,
le patriotisme et l'amour de la gloire de ce prince.

Je commencerai mes citations par l'extrait suivant d'un ouvrage (1)
de M. de Lourdoueix :

« Plus de trente assemblées nationales furent convoquées sous
Charlemagne, dit ce consciencieux écrivain; on en compte vingt-cinq

_____

(1) *De la Restauration de la société française.*

sous le règne de Louis le Débonnaire et le même nombre sous Charles le Chauve.

» Une lettre d'un auteur contemporain, l'archevêque Hincmar, contient de précieux détails sur les formes qui s'observaient, du temps de Charlemagne, pour la convocation et les délibérations de ces assemblées.

« S'il faisait beau temps, dit-il (1), on s'assemblait quelquefois
» en plein air, sinon il y avait deux salles principales, une pour les
» évêques, l'autre pour les comtes ; il était libre aux deux chambres
» de délibérer à part ou en chambres réunies. Il y avait encore plu-
» sieurs autres salles (*diversa loca*) pour le reste de l'assemblée (*cœ-*
» *tera multitudo*,) qu'on appelait *minores* : c'étaient les *notables*,
» les *scabini* ou échevins des villes et districts, qui accompagnaient
» les comtes ou gouverneurs à l'assemblée générale, et dont le nom-
» bre, pour chaque comté, fut successivement augmenté, et enfin
» porté à douze par le deuxième capitulaire de Louis le Débonnaire
» de l'an 819. Après que toutes les affaires de l'assemblée générale
» étaient finies et avaient obtenu la sanction royale, le roi compli-
» mentait l'assemblée sur ses travaux, et, en la congédiant ou la
» prorogeant, chargeait spécialement chaque membre de s'informer
» scrupuleusement, pour l'ouverture de l'assemblée suivante, s'il
» s'élevait quelque murmure ou mécontentement, et quelle pouvait
» en être la cause. »

» Le savant jurisconsulte auquel nous empruntons cette analyse donne les explications suivantes sur la nature des affaires soumises aux assemblées nationales :

« Ces affaires, dit-il, étaient partagées en causes majeures et en cau-
» ses mineures. On réputait causes mineures celles qui concer-
» naient la juridiction des évêques et la formation de l'armée,
» sa discipline, le mode de recrutement, l'organisation des tri-
» bunaux, le nombre des juges, les règles à suivre dans leurs
» élections, etc. Les causes étaient majeures toutes les fois qu'il
» s'agissait de régler les transmissions de biens, les successions,
» les partages ; toutes les fois qu'à raison des progrès de la civi-
» lisation et de l'industrie on croyait nécessaire de faire quelques
» changements à la loi salique, aux codes des Ripuaires ou des Bava-
» rois. Les assemblées nationales connaissaient des causes mineures,
» et les réglaient seules par des actes législatifs qu'on appelait des

____

(1) Nous nous servons de l'analyse que M. Henrion de Pansey a donnée de cette lettre dans son *Histoire des assemblées nationales*.

» *Capitulaires*. A l'égard des causes majeures, les formes étaient bien
» autrement solennelles : la loi était d'abord rédigée en simple projet;
» ce projet était adressé à tous les gouverneurs , alors connus sous le
» nom de comtes ; chaque comte assemblait les juges , les adminis-
» trateurs, les notables de son comté , leur exposait le projet, re-
» cueillait leurs suffrages , et le portait à l'assemblée générale : là ,
» les suffrages étaient calculés , et le projet faisait *loi* si la majorité
» des comtés l'adoptait ; autrement, il était rejeté.

» Telle était l'autorité des diètes générales, que les rois eux-mê-
» mes n'avaient pas le droit de suppléer, par dispositions interpréta-
» tives, à l'insuffisance des actes émanés d'elles. Le plus grand, le
» plus puissant d'entre eux , Charlemagne, à qui l'on demandait si
» les comtes avaient le droit d'exiger un sou pour l'expédition de cer-
» tains actes, répondit : « Consultez la loi salique, et si elle est
» muette , adressez-vous à l'assemblée générale. »

» Il résulte de ces faits que, sous Charlemagne, à raison de l'exten-
sion immense qu'avait prise la monarchie française, les assemblées nationales virent les délibérations concentrées entre les représentants des
villes et des comtés (*les évêques élus par le peuple* et les *scabini*) et
les officiers royaux ou grands fonctionnaires (les comtes ou gouverneurs), et que les citoyens , sans délégation et sans fonctions publiques , qui se rendaient en foule à ces diètes générales, pouvaient conférer entre eux et avec le roi sur les affaires publiques, mais qu'ils ne
votaient pas dans l'assemblée. Mais on avait trouvé un moyen beau -
coup plus sûr de faire participer la nation entière au vote de la loi :
c'était de soumettre cette loi à l'adoption des assemblées de comtés ,
assemblées dans lesquelles nous retrouvons des idées de généralité qui
se présentent sous la première race , quand il est question des réu-
nions du Champ-de-Mars.

» Nous voyons, en effet, dans un capitulaire de l'année 803 , ces
expressions remarquables : « *Que le peuple* soit interrogé (*ut populus*
» *interrogetur*) sur les capitulaires qui ont été nouvellement ajoutés
» à la loi ; et quand tous auront consenti, qu'ils fassent leurs sou-
» scriptions et confirmations à ces capitulaires (1). »

» La royauté, ne pouvant appeler au centre la liberté pour con-
courir avec elle à la législation, rapprochait en quelque sorte cette
législation de la liberté politique , afin de ne pas se priver elle-même

______

(1) M. Raynouard, dans son *Histoire du droit municipal*, produit un grand
nombre de faits qui ne permettent pas de révoquer en doute l'usage de ces assemblées provinciales sous la seconde race, et leur concours pour la promul-
gation et la confirmation des lois.

de l'assentiment des peuples pour la loi, qu'elle était chargée d'exécuter. Les institutions représentatives doivent toujours être en raison de la surface du territoire.

» Il nous reste à faire connaître l'esprit de ces assemblées nationales, dont nous avons indiqué les attributions et les formes ; et l'histoire de cette époque nous fournit, à cet égard, des renseignements d'autant plus précieux, qu'ils peuvent prouver l'action réparatrice des assemblées vraiment générales et libres. On voit en effet, dans les troubles civils causés par les différends de Louis le Débonnaire et de ses fils, des atteintes portées au principe monarchique dans des assemblées partielles ou opprimées par une faction, réparées avec éclat dans des assemblées générales et régulières.

» Une ligue puissante, appuyant la révolte de Lothaire, avait passionné les peuples contre Louis le Débonnaire ; le malheureux père tomba au pouvoir de son fils, qui s'était emparé du gouvernement. Lothaire se laissa persuader par les seigneurs vendus à sa cause de faire confirmer son usurpation par une assemblée générale ; ils l'assurèrent que son parti ne pouvait manquer d'y faire la loi, et que son autorité serait unanimement proclamée : cette assemblée fut résolue et convoquée à Nimègue. Dans l'intervalle qui suivit cette résolution jusqu'au moment où elle se réalisa, les peuples firent des réflexions, les passions se refroidirent, l'assemblée se prononça contre l'usurpation. Les chefs de la rébellion furent jugés et condamnés selon les lois existantes, et Lothaire n'eut d'autre parti à prendre que de s'aller jeter aux pieds de son père, qui lui pardonna.

» Peu de temps après, Lothaire s'étant révolté de nouveau, Louis le Débonnaire s'avança pour le combattre ; mais son armée tout entière passa du côté de son fils, et lui-même se trouva encore une fois au pouvoir de ses enfants. Alors il se forma à Rotfeld une assemblée de tous les chefs de l'armée : l'empereur y fut déposé tout d'une voix, le trône fut déclaré vacant, et Lothaire fut proclamé. Veut-on savoir quel jugement la nation porta de cet événement ? Le lieu où il se passa est appelé *le Champ du Mensonge* (1).

» Pour régulariser tous ces actes, Lothaire n'avait d'autre moyen à employer qu'une assemblée générale ; mais cette fois, instruit par l'expérience, il prit ses mesures pour exclure ou pour intimider tous ceux qui lui étaient contraires. Avant l'ouverture de l'assemblée, qui se tint à Compiègne, il les fit accuser par ses partisans « comme des

_____

(1) *Campus mentitus* (président Hénault ; P. Daniel, *Histoire de Louis le Débonnaire*).

» perturbateurs du repos public et des ennemis du gouvernement
». établi par le vœu de toute la nation ! » Il exigea d'eux des décla-
rations et des serments. Ainsi confirmé dans son usurpation, il pouvait se croire affermi. Son triomphe fut court, l'indignation publique
en abrégea le terme. L'empereur fut délivré par ses autres fils, « et
» ce ne fut pendant long-temps que fêtes et réjouissances dans tout
» le royaume. » Enfin une assemblée générale, convoquée à Thion-
ville, termina cette longue collision ; les actes de l'assemblée de Compiègne furent FLÉTRIS, les principes nationaux furent proclamés, la révolte et les voies de fait furent réprouvées avec chaleur, et l'acte de
pénitence publique qu'on avait arraché à la faiblesse du monarque
captif fut cassé avec appareil. »

Ce dernier exemple, choisi par M. le chevalier de Lourdoueix, est
un fait historique de la plus haute importance, et qui a été plusieurs
fois imité depuis cette époque. En France, au quatorzième siècle par
exemple, une assemblée générale a recommencé et fini la révolution
et l'usurpation qui eurent lieu sous le règne de Jean le Bon. En Angleterre, une assemblée factieuse amena un combat entre la prérogative royale et le pouvoir parlementaire, dans lequel Charles Ier perdit la tête ; mais le *parlement-croupion* fut remplacé par une assemblée générale, qui accepta la restauration de Charles II, aux applau-
dissements unanimes du peuple anglais. C'est aussi une assemblée
générale qui, en 1789, a rouvert les plaies de la France : puisse
Dieu et l'intelligence des Français les cicatriser prochainement !...

III.

...... Mais en continuant tout seul, ou même avec le secours de
nos honorables amis politiques, la défense de *l'ancien régime* contre
le régime nouveau qu'on lui a momentanément préféré, nous serions
peut-être accusé de partialité. Pour éviter ce reproche, nous laissons
rompre quelques lances par les historiens les plus estimés de nos adversaires. On va voir en quels termes Mably parle de Charlemagne et
de son siècle. Nous n'interromprons que très rarement son récit par
nos réflexions, les citations que nous empruntons au premier volume
de ses *Observations sur l'histoire de France* flétrissant d'elles-mêmes,
beaucoup mieux que nous n'oserions le faire, le régime bâtard de liberté sous lequel nous avons le malheur de vivre depuis le 23 juin
1789, alors que les députés de la France, ne se contentant pas de la
destruction des abus, consentie, voulue, accomplie par Louis XVI,

renversèrent la constitution du pays, violèrent leurs serments, oublièrent leurs devoirs et leurs droits, en foulant aux pieds la volonté et les intérêts de leurs commettants. Honte à ces parjures ! Ils ont causé tous les malheurs, toutes les guerres civiles, toutes les usurpations, qui ont désolé la France depuis un demi-siècle. Honte à eux, dis-je, et à tous ceux qui ont eu le malheur ou la bassesse de les imiter !...

Mais nous avons promis de laisser parler M. de Mably ; écoutons-le :

IV.

DE LA CONSTITUTION.

« Du milieu de la barbarie où le royaume des Français était plongé on a vu sortir un prince à la fois philosophe, législateur, patriote et conquérant. Sa politique doit servir de leçon aux rois qui règnent sur les peuples et dans les temps les plus éclairés.

» Les Français étaient perdus si Charles, que j'appellerai désormais Charlemagne, eût eu moins de vertu que de génie. *Les révolutions, qui avaient fait oublier les lois*, n'avaient pas même établi à leur place des coutumes fixes et uniformes. On n'avait consulté que les conjonctures et les convenances pour agir ; et on ne savait encore obéir que quand on était trop faible pour oser se révolter. En un mot, tous les ordres de l'état, sans patrie, sans se douter même qu'il y a un bien public, et ennemis les uns des autres, étaient dans cette situation déplorable que désire, que cherche , que fait naître l'ambition d'un prince assez peu instruit de ses intérêts pour penser que le comble du bonheur consiste à jouir d'un pouvoir sans bornes.

» Charlemagne n'avait qu'à ne pas s'opposer au cours des événements que devaient produire les vices des Français, et la nation allait se trouver asservie au gouvernement le plus arbitraire. C'eût été un jeu pour un génie aussi grand et aussi fécond en ressources que le sien que de tourner à son profit les divisions de ses sujets, d'humilier les différents ordres de l'état les uns par les autres, et d'élever la prérogative royale sur la ruine commune de leurs priviléges.

» Il n'est pas extrêmement difficile de remédier aux maux d'un peuple dont le gouvernement n'est pas altéré dans le principe fondamental de l'obéissance et de la subordination ; *quand il subsiste encore une puissance législative, ou qu'on en reconnaît du moins la nécessité, les esprits ont un point de réunion. Les désordres eux-mêmes deviennent autant de leçons utiles, et il suffit alors de faire à propos quelques règlements sages,* on y obéira. Mais quand les

troubles de l'état portent avec eux les symptômes d'une anarchie générale, qu'importe de faire des lois que le faible se fait art d'éluder,
et le puissant une gloire de violer ? Quelque salutaires qu'elles soient
en elles-mêmes, elles deviennent inutiles et augmentent souvent la
confusion. *C'est à la source du mal qu'il faut alors remonter ; et,
avant de commander des choses justes, il faut avoir mis le citoyen
dans la nécessité d'obéir.*

» Charlemagne, dont les vues embrassaient également l'avenir et
le présent, ne voulut pas faire le bonheur de ses contemporains aux
dépens de la génération qui lui succéderait ; il apprit aux Français à
obéir aux lois, en les rendant eux-mêmes leurs propres législateurs.

» Pépin avait commencé la réforme en se faisant une règle de con-
voquer, tous les ans, au mois de mai, les évêques, les abbés et les
chefs de la noblesse, pour conférer sur la situation et les besoins de
l'état. Charlemagne perfectionna cet établissement : il voulut que les
assemblées fussent convoquées deux fois l'an, au commencement de
l'été et à la fin de l'automne, et la première loi qu'on publia fût de s'y
rendre avec exactitude (1). Ce prince ne crut pas qu'il suffît d'y appeler les grands ; quelque humilié que fût le peuple, il en connaissait
les droits imprescriptibles, et avait pour lui cette compassion mêlée
de respect avec laquelle les hommes ordinaires voient un prince fu-
gitif et dépouillé de ses états. Ce ne fut point seulement par esprit de
justice qu'il fit tous ses efforts pour lui faire *restituer* (2) une partie
de sa première dignité : il savait encore que c'était le seul moyen de
l'intéresser au bien public, de rapprocher la noblesse et le clergé du
prince, et de les préparer sans effort à renoncer à la tyrannie qu'ils
affectaient et qui faisait le malheur du royaume. Enfin, Charlemagne
fut assez heureux pour que les grands consentissent à laisser entrer le
peuple dans le Champ-de-Mars, qui par là *redevint* véritablement
l'assemblée de la nation.

» Tant que le Champ-de-Mars avait subsisté sous les premiers suc-
cesseurs de Clovis, tout homme libre qui vivait sous la loi salique ou
sous la loi ripuaire avait le privilége de s'y rendre, et y occupait une
place. Mais depuis que les Français possédaient un pays très étendu
et s'étaient extrêmement multipliés par la naturalisation des étrangers, cette méthode n'aurait plus été praticable ; et pour prévenir le

(1) Qui empêcherait de renouveler cette juste et légale sévérité envers les
égoïstes membres de notre société qui veulent avoir des droits sans devoirs?

(2) Avant Charlemagne, les Français jouissaient donc déjà de cette liberté,
dont nous demandons aujourd'hui la restitution à nos despotes *entrepreneurs de
félicité publique.*

trouble et la confusion d'une assemblée trop nombreuse, Charlemagne établit à cet égard un nouvel ordre. Il fut réglé que chaque comté députerait au Champ-de-Mars douze représentants, choisis dans la classe des rachinbourgs (1), ou, à leur défaut, parmi les citoyens les plus notables de la cité; et que les avoués des églises, *qui n'étaient encore alors que des hommes du peuple*, les accompagneraient.

» Je ne puis m'empêcher de copier *Hincmar* en cet endroit. « L'assemblée, dit-il, qui se tenait à la fin de l'automne, après que la campagne était finie, n'était composée que des seigneurs les plus expérimentés dans les affaires; elle réglait la gratification qui devait se distribuer, et, jetant les yeux sur l'avenir, préparait les matières qui devaient faire l'objet de délibérations dans l'assemblée suivante. On y discutait les intérêts du royaume relativement aux puissances voisines; on revoyait les traités; on examinait avec attention s'il était à propos de les renouveler, ou s'il était plus avantageux de donner de l'inquiétude à quelque voisin. De là on passait à l'examen de l'intérieur de l'état; on recherchait la cause des abus présents, et on travaillait à prévenir les maux dont on pouvait être menacé. Jamais le public n'était instruit des vues, des débats, des projets ni des résolutions de cette assemblée. *Un secret inviolable empêchait que les étrangers ne pussent se précautionner contre les entreprises dont ils étaient menacés, et que, dans l'intérieur même du royaume, des mécontents ou des esprits jaloux et inquiets ne s'opposassent pas leurs intrigues au bien public.*

» C'était l'assemblée générale du mois de mai suivant, composée des évêques, des abbés, des comtes, des seigneurs *et des députés du peuple*, qui recueillait le fruit de cette première assemblée. C'est là que se réglait l'état de tout le royaume pour l'année courante; et ce qu'on y avait une fois arrêté n'était jamais changé, à moins de quelque événement imprévu, et qui, par son importance, aurait intéressé le sort général de la nation. Pendant que les trois ordres étaient occupés à régler les affaires, Charlemagne, par respect pour la liberté publique, n'assistait pas à leurs délibérations.

» Quelquefois, les trois chambres séparées du clergé, de la noblesse et du peuple, se réunissaient, soit pour se communiquer les règlements que chaque ordre avait faits par rapport à sa police ou à ses intérêts particuliers, soit pour discuter les affaires mixtes, c'est-à-

____

(1) Les rachinbourgs étaient des espèces d'assesseurs aux juges, qui remplissaient à peu près l'office de nos jurés actuels; ils étaient élus par le peuple, et choisis dans son sein.

dire qui tenaient à la fois au spirituel et au temporel, ou qui, par leur nature, étaient relatives à deux ou à tous les ordres de l'état. Le prince ne se rendait à l'assemblée que quand il y était appelé, et c'était toujours pour y servir de médiateur, lorsque les contestations étaient trop animées, ou pour donner son consentement aux arrêts de l'assemblée. Alors il proposait quelquefois lui-même ce qu'il croyait le plus avantageux à l'état; et avant que de se séparer, on portait enfin ces lois connues sous le nom de *Capitulaires*, qui, soit qu'elles fussent l'ouvrage de la nation, soit qu'elles les eût simplement adoptées, conservèrent l'usage, nouvellement établi, d'être publiées sous le nom du prince, qui y prend le titre de législateur suprême.

» *Nous voulons*, *nous ordonnons*, *nous commandons*, dit Charlemagne dans ses Capitulaires; mais ces expressions, qui ont fait croire à plusieurs écrivains que la puissance législative appartenait tout entière au prince, ne présentaient point alors à l'esprit les mêmes idées que nous y avons attachées depuis; la forme seule du gouvernement les modifiait, et la conduite même de Charlemagne leur ôtait cette âpreté despotique dont il était ennemi, et qui eût blessé des oreilles libres.

» Charlemagne voulait, ordonnait, commandait, parce que la nation avait voulu, ordonné et commandé, et le chargeait de publier ses lois, de les observer et d'en être le protecteur et le vengeur.

» Il n'est pas permis en effet de douter que la puissance législative ne résidât dans le corps de la nation. Charlemagne et Louis le Débonnaire en avertissent eux-mêmes; et les Capitulaires disent positivement que la loi n'est autre chose que la volonté de la nation, publiée sous le nom du prince (1). Telle est la doctrine qu'enseignent partout les monuments les plus respectables de notre histoire.

» Qu'on examine de près la conduite de Charlemagne, et on le verra toujours scrupuleusement attentif à respecter la liberté qu'il avait *rendue* à la nation, dans la vue d'y détruire l'esprit de servitude et de tyrannie, de l'intéresser au bien public, et d'en faire l'instrument des grandes choses qu'il méditait. Il ne se crut jamais exempt d'obéir au Champ-de-Mars; il observa toujours les lois, parce qu'elles servaient de fondement à sa grandeur, et pour apprendre à ses sujets à les respecter.

» Si Tassilon, duc des Bavarois, est condamné à mort par la na-

____

(1) Clotaire II écrivait: « On convoque l'assemblée de la nation, parce que » tout ce qui regarde la sûreté commune doit être examiné et réglé par l'as- » semblée générale, et je dois me conformer à tout ce qu'elle aura résolu. »

tion à cause de ses infidélités, Charlemagne, qui est son parent, et qui, par son humanité, voulait gagner le cœur des peuples tributaires des Français, ne lui accorde point la vie de son autorité privée, il demande sa grâce à l'assemblée, la sollicite et l'obtient.

» Veut-il retenir à sa cour l'évêque Hildebold, l'ecclésiastique qu'il jugeait le plus propre à remplir dans son palais l'emploi important d'apocrisiaire, il s'adresse au pape pour faire exempter ce prélat des canons qui ordonnent la résidence ; et à l'assemblée de la nation pour l'affranchir de la loi qui défendait aux évêques d'être absents de leur diocèse pendant plus de trois semaines de suite. Ce prince ne commande jamais ; il propose, il conseille, il insinue.

» Je vous envoie (écrit-il aux évêques assemblés) des commissaires » qui, en mon nom, concourront avec vous à corriger les abus qui » méritent d'être réformés. Je les ai chargés de vous communi- » quer quelques projets de règlement, que je crois nécessaires. Mais, » de grâce, ne prenez point en mauvaise part des conseils qui ne sont » que le fruit de mon zèle pour tout ce qui vous touche. J'ai lu dans » l'Écriture que Josias, ce prince recommandable par sa piété, ne » négligeait rien pour établir le culte du vrai Dieu ; quoique je sente » combien je suis inférieur à ce saint roi, je dois tâcher de suivre son » exemple. »

V.

DÉCENTRALISATION.

« Charlemagne partagea tous les pays de sa domination en différents districts ou *légations*, dont chacun contenait plusieurs comtés ; et, renonçant à l'usage ancien, il n'en confia point l'administration à un duc. Outre les assises, qui ne regardaient que l'administration de la justice entre les citoyens, ces espèces de censeurs tenaient tous les ans, dans leur province, des états particuliers, où les évêques, les abbés, les comtes, les seigneurs, les avoués des églises, les vicaires des comtes, les centeniers et les rachinbourgs, *étaient obligés de se trouver en personne*, ou par leurs représentants, si quelque cause légitime les retenait ailleurs. On traitait dans ces assemblées de toutes les affaires de la province, tous les objets y étaient vus dans leur juste proportion ; on examinait la conduite des magistrats et les besoins des particuliers. Quelque loi avait-elle été violée ou négligée, on punissait les coupables. Les abus en naissant étaient réprimés, ou du moins ils n'avaient jamais le temps d'acquérir assez de force pour lutter avec avantage contre les lois. Les envoyés faisant le rapport au prince et à l'assemblée générale de tout ce qu'ils avaient vu, l'attention publique, quelque vaste que fût l'étendue de l'empire français, se fixait en quelque sorte sur chacune de ses parties ! Rien n'était oublié, rien n'était négligé. La nation entière avait les yeux continuellement ouverts sur chaque homme public. Les magistrats, qu'on observait, apprirent à se respecter eux-mêmes.

» *Les mœurs, sans lesquelles la liberté dégénère toujours en une licence dangereuse*, se corrigèrent, et l'amour du bien public, uni à la liberté, la rendit de jour en jour plus agissante et plus salutaire.

» Le champ-de-Mai apprit à se défier de la prospérité, à craindre pour l'avenir, à préparer des obstacles aux abus, à remonter à la source du mal, et fut en état de s'élever jusqu'aux principes d'un bon gouvernement, ou du moins de les connaître et de les saisir quand Charlemagne les lui présentait. De là cet amour de la patrie et de la gloire qui parut pour la première fois chez les Français, et en fit une nation toute nouvelle.

» A mesure que les différents ordres de l'état, traitant ensemble par la médiation de Charlemagne, se rapprochaient et oubliaient leurs anciennes inimitiés, ils sentaient accroître leur bonheur particulier et leur attachement pour l'ordre. *En divisant tout*, dit un tyran, *je me rendrai tout-puissant* (1). *Soyez unis*, disait Charlemagne à ses peuples, *et nous serons tous heureux*. Agissant enfin avec ce zèle qui donne la liberté, et avec cette union qui multiplie les forces, rien ne put résister aux Français. Ils soumirent une partie de l'Espagne, l'Italie, toutes ces vastes contrées qui s'étendent jusqu'à la Vistule et à la mer Baltique, et la gloire du nom français, pareille à celle des anciens Romains, passa jusqu'en Afrique et en Asie. »

<h2 style="text-align:center">VI.</h2>

DES IMPOTS.

« Sous Charlemagne, on restreignit les charges, les travaux, les corvées, que les seigneurs exigeaient des hommes de leurs terres. On pourvut à l'avenir, en ordonnant que l'autorité des coutumes, jusque alors trop étendue, toujours équivoque, et par conséquent toujours tyrannique, serait subordonnée au pouvoir des lois. S'il ne fut pas

____

(1) Les temps sont bien changés, car la maxime adoptée par nos gouvernants modernes, les ministres de la révolution de juillet, est de tout diviser et corrompre pour rester maîtres dans leur honteuse usurpation.

possible d'anéantir tous les péages, ni toutes ces espèces de douanes que la force avait établies, et qui gênaient prodigieusement le commerce des villes et de la campagne, on y mit du moins de l'ordre. Les plus récents de ces droits furent abolis, de même que ceux dont le public était foulé sans en retirer aucun avantage. La perception du droit suppose, dans le seigneur, le devoir de réparer et d'entretenir les chemins et les ponts. On fut libre de faire prendre à ses denrées la route qu'on voulut, et le particulier qui ne les transportait pas pour les vendre ne fut sujet à aucune taxe (1).

« Les mœurs des Français, leur attachement à leurs lois, leur administration politique, *tout concourt à la fois à prouver qu'ils ne furent sujets à aucune taxe d'impôts.* J'ajoute que les Gaulois jouissaient des mêmes avantages, et c'est presque le démontrer que de dire que la plupart d'entre eux négligèrent de se naturaliser Français. M. le président de Montesquieu a très bien prouvé d'ailleurs qu'un peuple qui n'avait point de besoins ne levait point d'impôts. (2). »

VII.

LÉGISLATION.

« Les assises que les envoyés royaux tenaient quatre fois par an, dans leurs légations remédièrent à la plupart des réformes. La conduite des juges fut éclairée ; ils furent obligés d'obéir aux lois, dont ils ne furent plus que les organes. Cette cour suprême du roi, où il était presque impossible de parvenir, fut à la fois présente dans chaque province, et la faiblesse du peuple y trouva un asile toujours ouvert contre la puissance des grands.

« Tandis que les envoyés royaux rétablissaient ou maintenaient l'ordre dans les tribunaux subalternes, Charlemagne s'honorait autant de la qualité de premier juge de sa nation que de celle de général. On peut voir, dans *Hincmar*, avec quelle sagesse ce prince rendait lui-même la justice dans son palais. Quelque nombreuses et im-

(1) Aujourd'hui le commerce a mille entraves : ce sont les inspections, les octrois, les droits sur le sel et sur le timbre, etc., qui frappent plus rudement le pauvre que le riché sous prétexte d'égalité.

(2) En effet, les plus hautes charges de l'état étaient remplies gratuitement, et aujourd'hui elles sont toutes salariées, et très salariées même ; — la noblesse faisait la guerre à ses dépens ; — les communes s'administraient elles-mêmes par des hommes *élus* et non soldés, parce que tous voulaient sincèrement la prospérité et le bonheur de la France ; — le roi et la famille royale vivaient de leurs domaines privés, etc., etc. — En relisant l'histoire de ces temps anciens, je me demande toujours : Mais qu'est-ce donc que les révolutions nous ont donné de plus libéral que le système administratif et politique de *notre vieille et glorieuse monarchie française ?...*

portantes que fussent ses occupations, on ne portait point d'affaires difficiles à sa cour qu'il n'en prît connaissance..

» Les Français comprirent par leur propre expérience, sous Charlemagne, qu'une classe de citoyens pouvait être heureuse sans opprimer les autres. C'est par ce sage gouvernement, dont je n'ai développé que les principes généraux, que Charlemagne retira en quelque sorte sa nation du chaos où elle se trouvait. Aux lois il joignit son exemple, peut-être encore plus efficace. Qu'on voie, dans *Hincmar*, le tableau qu'il nous a laissé de l'ordre admirable qui régnait dans le palais. Charlemagne ne voulait pas avoir pour officiers ou pour ministres des courtisans, mais des hommes qui aimassent la vérité et l'état, qui fussent connus par leur expérience, leur discrétion, leur exactitude, leur sobriété, et assez fermes dans la pratique de leurs devoirs non seulement pour être *inaccessibles aux présents*, mais pour ne pouvoir pas même être éblouis et trompés par la flatterie, l'amitié et les liaisons du sang. »

VIII.

Tous les écrivains qui ont apprécié le règne de Charlemagne l'ont jugé comme M. de Lourdoueix, comme Mably.

Dans la préface de son *Histoire de l'ancien gouvernement de la France*, M. le comte de Boulainvilliers parle dans le même sens que ces deux publicistes. Voici les principaux passages de cette préface :

« Dans l'origine, les Français étaient tous libres et parfaitement égaux et indépendants, soit en général, soit en particulier. Il est de la dernière évidence qu'ils n'ont combattu si long-temps contre les Romains et contre les barbares qu'ils attaquaient, que pour s'assurer cette précieuse liberté qu'ils regardaient comme le plus cher de tous leurs biens. Ils avaient cependant des rois ; mais si notre idée présente nous a fait regarder la dignité et la puissance incompatibles avec la liberté, il n'en était pas de même pour lors, car, à proprement parler, les rois n'étaient que des magistrats civils.

» Il est absolument contraire à la vérité et au caractère des anciens Français d'imaginer que le droit royal fût, parmi eux, souverain et monarchique, ou despotique, en sorte que les particuliers lui fussent sujets pour la vie, les biens, la liberté, l'honneur et la fortune. Au contraire ! tous les Français étaient libres, et par conséquent non sujets, à prendre ce terme à la rigueur. C'est le premier principe. Ils étaient tous compagnons, et c'est pour cela qu'ils furent appelés *leudes*, du mot allemand *leuch*, dont ils usaient entre eux, qui veut dire compatriotes, *gens* de mêmes *société* et *condition.* Les rois traitaient les Français, leurs inférieurs en dignité et en autorité, comme ils se traitaient eux-mêmes entre eux ; ils étaient tous réciproquement *leu-des*, fidèles compagnons, et non pas sujets. En effet, pourrait-on croire que les Français, nés libres, et souverainement jaloux de cette liberté, n'auraient versé leur sang et essuyé tant de travaux qu'afin de se don-ner un maître absolu en la personne de leur roi, *qui n'était que leur compagnon*, et n'auraient pensé à faire des esclaves que pour le de-venir eux-mêmes ?

» L'établissement d'un magistrat supérieur est de nécessité absolue dans toutes les sociétés. Les Français ont non seulement connu la nécessité d'un tel établissement, mais ils ont de plus enchéri sur cet usage en établissant grand nombre de ces magistrats supérieurs, aux-quels ils ont donné le nom de rois. Dans la suite, ils ont choisi le plus capable d'entre les magistrats pour l'établir chef des entreprises qu'ils voulaient faire ; ils s'en sont rapportés à sa prudence et à sa valeur de la conduite de leurs plus grandes guerres, et singulièrement à Clovis de celle de la conquête des Gaules. Ainsi, ce dernier est devenu par ce *choix l'homme public* et le dépositaire de la puissance de la na-tion. Mais, loin que cette grande dignité confiée à Clovis fût contraire à la liberté essentielle des Français, on voit bien que tous ces avantages ne lui ont été accordés que pour la soutenir, la défendre et travailler aux communs intérêts de la nation. *Les rois de ce temps* entraient parfaitement dans cet esprit, et la preuve de cette vérité se trouve dans les chartes anciennes, où l'on voit que la fidélité des *leuds* n'est pas appliquée aux rois, mais à l'état, *regni fidelibus*, c'est-à-dire fidèles à la nation et au gouvernement français.

» Je ne veux pas inférer de là que les particuliers ne devaient rien aux rois ; j'en conclus au contraire qu'ils leur devaient beaucoup, respect, assistance, concours, fidélité et obéissance, parce que tout cela se trouvait compris dans ce que les Français devaient à l'État, ne pouvant séparer le roi de l'État, dont il est le chef. Mais le Français n'en était pas moins libre pour cela, puisqu'il ne devait à la grâce du roi ni sa liberté, ni ses possessions, ni l'indépendance de sa personne, ni la jouissance de ses biens, n'étant redevable de ces avantages qu'à sa seule naissance. »

« Le vaste génie de Charlemagne (dit Villaret) éleva la monarchie française au plus haut degré de puissance et de grandeur. Loin d'a-bolir les assemblées nationales, jamais prince ne les convoqua si fré-quemment ; elles embrassaient même dans leurs délibérations un plus grand nombre d'objets. Tout ce qui concernait le gouvernement ecclésiastique, politique et civil, y était réglé, mais le monarque était l'âme de ces assemblées. »

« L'histoire et la fable, dit un autre historien, ne présentent pas de monarque qui ait mieux mérité le surnom de *grand* que Charlemagne. Tout le cours de son règne fut un enchaînement de victoires et de conquêtes. Il eut pour ennemis tous les peuples qui l'environnaient; il fit face à tout, et les obligea tous à subir ses lois. Attaqué en même temps à des distances très éloignées, on le voyait passer avec une rapidité surprenante des Pyrénées au fond de la Germanie, et des extrémités de l'Italie sur les bords de l'Océan. Au milieu de ses expéditions militaires, il réglait ses états comme s'il eût été dans une paix profonde. Les jurisconsultes et les politiques admirent encore aujourd'hui la sagesse qui règne dans ses capitulaires (1).

» La religion et les lettres lui ont aussi les plus grandes obligations. Il assembla de fréquents et nombreux conciles pour l'extirpation des erreurs, la réformation des mœurs, et le rétablissement de la discipline; il établit des écoles publiques en différents endroits, et pour donner l'exemple, il ouvrit une académie dans son propre palais, à la tête de laquelle il se mit, ayant pour assesseurs *Alcuin*, *Pierre de Pize*, et d'autres savants hommes. *Charles* n'était point déplacé dans cette académie : il parlait le *latin* comme sa langue naturelle, et entendait les autres langues de l'Europe. »

Ainsi Montesquieu, l'auteur de l'*Esprit des lois*, a peint ce grand monarque :

« *Le prince* était grand, l'homme l'était davantage. Les rois ses
» enfants furent ses premiers sujets, les instruments de son pouvoir,
» et les modèles de l'obéissance. Il fit plus, il les fit exécuter. Son
» génie se répandait sur toutes les parties de l'empire. On voit dans
» les lois de ce prince un esprit de prévoyance qui comprend tout,
» et une certaine force qui entraîne tout; les prétextes pour éluder les
» devoirs sont ôtés, les négligences corrigées, les abus réformés ou
» prévenus. Il savait punir, il savait encore mieux pardonner. Vaste
» dans ses desseins, simple dans l'exécution, personne n'eut à un
» plus haut degré l'art de faire les plus grandes choses avec facilité,
» et les difficiles avec promptitude. Il parcourait sans cesse son vaste

(1) Parmi les lois de *Charlemagne*, on en remarque une singulière : ayant voulu bannir les femmes publiques de Paris, il avait ordonné qu'elles seraient condamnées au fouet, et que ceux qui les auraient logées, chez qui on les aurait trouvées, les porteraient sur leur dos jusqu'au lieu de l'exécution.

» empire, portant la main partout où il allait tomber. Les affaires re-
« naissaient de toutes parts; elles étaient terminées de toutes parts.
» Jamais prince ne sut mieux braver les dangers; jamais prince ne les
» sut mieux éviter. Il se joua de tous les périls, et particulièrement
» de ceux qu'éprouvent presque toujours les grands conquérants, je
» veux dire les conspirations. Ce prince prodigieux était doux, ses
» manières simples; il aimait à vivre avec les gens de sa cour. Il fut
» peut-être trop sensible au plaisir des femmes; mais un prince qui
» gouverna toujours par lui-même, et qui passa sa vie dans les tra-
» vaux, peut mériter plus d'excuses. Il mit une règle admirable dans
» sa dépense; il fit valoir ses domaines avec sagesse, avec attention,
» avec économie : un père de famille pourrait apprendre dans ses lois
» à gouverner sa maison, on voit dans ses capitulaires la source pure
» et sacrée d'où il tire ses richesses.

» Je ne dirai plus qu'un mot : il ordonnait qu'on ve ndîles œufs
» des basses-cours de ses domaines et les herbes inutiles de ses
» jardins, et il avait distribué à ses peuples toutes les richesses des
» Lombards et les immenses trésors de ces Huns qui avaient dé-
» pouillé l'univers.

« Charlemagne était adroit à tous les exercices du corps, ajoute
Mézeray, comme à la chasse, à la course, à l'escrime, merveilleuse-
ment bien à cheval, à quoi il se plaisait tant, que, la noblesse française
l'ayant imité, notre cavalerie fut, sans exception, estimée la meilleure
de la terre. Il cultivait beaucoup plus soigneusement son esprit par
les sciences et les arts libéraux; car, outre sa langue tudesque, il
savait la grecque, la latine, l'hébraïque, la syriaque et l'esclavonne :
de sorte que, sans truchement, il écoutait les ambassadeurs et leur répondait. Il excellait à l'arithmétique, et en avait amené des maîtres
d'Italie en France, comme aussi de la peinture et de la musique. Il
s'exerçait avec passion à l'astronomie et se relevait souvent la nuit
pour contempler le mouvement des astres. Son éloquence était telle,
qu'on l'eût pris pour un maître du métier; et la force de ses raisons,
soutenue par la beauté de son discours, entraînait agréablement les
esprits de ceux qui traitaient avec lui.

» *Il aimait les armes et ceux qui en faisaient vaillamment la*
profession, comme le plus noble soutien de la grandeur française.
Nous trouvons que de lui procéda cette coutume de ceindre l'épée ;
ce qu'il fit premièrement à son fils Louis, et que nous ne lisons point
avoir été fait auparavant.

» Il admettait à sa table les prélats et les seigneurs, et allait fami-
lièrement dîner chez eux lorsqu'il en était invité.

» Il était habillé fort modestement, hormis les jours de fête ou lorsqu'il recevait des ambassadeurs ; car alors il prenait une robe brochée d'or et mettait sa couronne et des brodequins éclatants de pierreries. Il possédait au dernier point la libéralité et la magnificence, n'ayant jamais laissé le moindre service sans une bonne et prompte récompense ; et *toutefois il ne donna de sa vie deux offices et deux bénéfices à une même personne* (1).

» Il observait la justice exactement. Il députait souvent des commissaires pour aller s'informer de la vie des juges ; et, sachant bien qu'il était redevable du droit à tous ses sujets, à quelque heure que ce fût, il voulait entendre leurs plaintes et leurs différends, et même en s'habillant les écoutait et leur rendait justice. Il fit de beaux règlements pour tous les ordres de son empire, et ajouta à la loi salique, c'est-à-dire à celle dont les Français se servaient, vingt-trois ordonnances ; tant s'en faut qu'il eût dessein de nous assujettir au droit romain et de prendre les lois d'une nation qui nous était soumise. Il embellit son royaume de plusieurs riches bâtiments et pourvut ses ports de grand nombre de bons vaisseaux, établissant, par ce moyen, la sûreté de la navigation. Il aimait ses enfants avec tant de tendresse, qu'il ne maria jamais aucune de ses filles, de peur de les éloigner de lui.

» Enfin, qui voudra tirer un portrait accompli du prince qu'il prenne celui-ci pour modèle. Je parle en historien, non en panégyriste : car il a de bien loin surpassé tous ceux qui ont jamais porté couronne, et, à mon avis, égalé les beaux exploits de César et d'Alexandre. Je dirai, pour achever, que, se trouvant très peu de princes, dans tant de siècles, dont l'ambition n'ait été orgueil, les conquêtes brigandages, celle de Charlemagne a été un pur zèle pour la religion, et ses combats des exécutions de la justice ; raisons, à mon avis, pour lesquelles on l'a surnommé *le Grand*, titre qu'il a mérité par dessus tous ceux qui, avant ou après lui, ont été honorés du même surnom. »

Eginard nous a conservé l'épitaphe qu'on mit dans l'église de Notre-Dame d'Aix-la-Chapelle, au dessus de l'endroit où Charlemagne fut inhumé ; elle est bien simple :

« *Ci-gît le corps de Charles, grand et orthodoxe empereur. Il étendit glorieusement l'empire des Français ; il régna glorieusement*

---

(1) Que seraient donc devenus sous Charlemagne et nos fonctionnaires-députés et tous les hommes qui cumulent effrontément quatre ou cinq places à la fois ? — On assure qu'un de nos pairs philanthropes occupe à lui tout seul dix-sept places. Quel scandale !

pendant quarante-sept ans. Il mourut septuagénaire, le 28 janvier 814. »

On descendit son corps dans un caveau ; après l'avoir embaumé, on l'assit sur un trône d'or : c'est peut-être le seul homme qu'on ait inhumé assis. Il était vêtu de ses habits impériaux ; on lui avait ceint sa joyeuse : c'était le nom de son épée. Il avait un globe d'or dans une main ; l'autre main était posée sur le livre des Évangiles, qu'on avait mis sur ses genoux. Son sceptre d'or et son bouclier étaient appendus devant lui à la muraille. On ferma et on scella le caveau, après l'avoir rempli de parfums, d'aromates et de beaucoup de richesses. Anciennement, un homme était donc magnifiquement vêtu dans un tombeau très simple ; aujourd'hui, on n'a qu'un linceul dans un tombeau dont l'extérieur est superbe.

Ce fut le pape Paschal III qui mit Charlemagne au nombre des saints : on célèbre sa fête dans plusieurs églises d'Allemagne, quoique en d'autres on fasse tous les ans un service pour le repos de son âme. Rome païenne lui aurait accordé les honneurs de l'apothéose et lui aurait élevé des autels.

IX.

Voici maintenant l'opinion d'Anquetil sur le règne de Charlemagne :

« Quarante-sept années d'un règne glorieux, des victoires multipliées, les barbares repoussés des frontières et subjugués, les factions éteintes, la paix intérieure assurée, des lois sages promulguées et mises en vigueur, la religion protégée, les sciences renouvelées : voilà ce qui fonde la réputation de Charlemagne. Cette réputation a été portée par les historiens jusqu'à l'excès de l'admiration.

» Il n'y a pas de moyens que Charlemagne ne tentât pour gagner les Saxons, qu'il aimait mieux soumettre par les lois que par la violence. Il tenait chez eux des assemblées générales, des cours plénières, dans lesquelles il étalait toute la magnificence du trône. Il tâchait aussi de les amener à la religion par la majesté des cérémonies dans les jours solennels.

» A la guerre, à la politique, aux soins du gouvernement, Charlemagne joignait le goût des lettres, qu'il fit renaître et qu'il cultiva. Personne ne doute qu'on ne doive à Charlemagne le goût d'étude, le désir d'apprendre, qui se manifesta pendant son règne. Quelle devait être l'émulation lorsqu'on le voyait parcourir les écoles ? « Etudiez,
» s'écriait-il, appliquez-vous, rendez-vous habiles, et il ne se passera pas un moment où je ne m'empresse de vous témoigner mon

» estime. » Il présidait lui-même aux examens. Mécontent un jour du peu de progrès des jeunes étudiants qu'il rassemblait dans l'école de son palais, il leur dit : « Parce que vous êtes riches, que vous êtes » fils des premiers de mon royaume, vous croyez que votre nais- » sance et vos richesses vous suffisent ; que vous n'avez pas besoin » de ces études, qui vous feraient tant d'honneur ; vous vous com- » plaisez dans une vie délicate et efféminée ; vous ne songez qu'à la » parure, au jeu et au plaisir. Mais, je le jure, je ne fais aucun cas de » cette noblesse, de ces richesses, qui vous attirent de la considéra- » tion ; et si vous ne réparez au plus tôt, par des études assidues, le » temps que vous avez perdu en frivolités, jamais, non jamais, vous » n'obtiendrez rien de Charles. » (1)

» Une grande réserve est imposée aux juges et à tous ceux qui sont admis à la magistrature, qui est une espèce de sacerdoce ; ils suivront les lois, jugeront avec équité, sans acception de personnes, surtout *ne recevront jamais de présents* (2) : car « où entrent les présents, « de là s'enfuit la justice » Il n'y a point d'état qui ne trouve ses de- voirs dans les Capitulaires. La solennité apportée à la confection et à la publication des lois les rendait plus respectables aux peuples, et par suite plus efficaces.

» Charlemagne traitait son royaume comme une grande famille... Les biens de nos rois consistaient en domaines, qu'ils affermaient ou que des préposés faisaient valoir pour eux. *Les redevances se payaient en nature* (3). Charlemagne connaissait tous ses régisseurs, entrait dans le détail de leur gestion. Il paraît, par son testament, qu'il ne regardait pas comme au dessous de lui d'allier ces soins domestiques aux devoirs de la royauté. Il fut inhumé dans l'église d'Aix-la-Chapelle, qu'il avait bâtie. Ses actions le peignent suffisamment. Nous n'en ferons pas d'autre éloge que celui qui a été renfermé dans cette très courte épitaphe : « Il a noblement agrandi et heureusement gouverné » son royaume. »

(1) Voilà comment parlait un de ces rois de l'ancien régime qu'on nous re- présente toujours comme favorisant l'ignorance des peuples, et comme s'oppo- sant aux progrès des sciences et de la civilisation !

(2) Que seraient donc devenus les pots-de-vin ministériels et les boudjous de la Tafna sous le règne de Charlemagne ?...

(3) On s'est beaucoup récrié contre ce mode d'imposition, et il me semble pourtant qu'il est le plus équitable. Aujourd'hui, si les moissons sont mangées par le tas, si les vignes sont gelées ou détruites par la grêle, le fisc n'en réclame pas moins l'argent que le pauvre cultivateur n'a pu gagner, puisqu'il a tout perdu, tandis qu'autrefois vous ne payiez généralement que le dixième de ce que vous aviez récolté bon ou mauvais ; et cela, je le répète, me semblait plus ra- tionnel, plus équitable.

X.

A ce magnifique portrait de Charlemagne tracé par Anquetil, nous allons donner, en contraste, celui qu'a tracé Rollin du roi Philippe, et cela prouvera une fois de plus, j'espère, que nous n'avons rien à envier aux autres nations :

« Ce qui, à mon jugement, dit Rollin, doit le plus déshonorer Philippe, c'est l'endroit même par lequel il paraît le plus estimable à bien des personnes, je veux dire sa politique. Il passe, dans ce genre, pour un des plus habiles princes qui aient jamais été. En effet, on a pu remarquer, dans le récit de ses actions, que, dès le commencement de son règne, il s'était proposé un but et formé un plan dont jamais il ne s'écarta : c'était de se rendre maître de la Grèce. Mal affermi encore sur son trône, et environné de toutes parts d'ennemis puissants, quelle apparence y avait-il qu'il pût former, ou du moins exécuter un tel projet? Il ne le perdit jamais de vue. Guerres, combats, traités de paix, alliances, confédérations, tout tendait à ce but. Il prodiguait l'or et l'argent pour se faire des créatures. Il avait des intelligences secrètes dans toutes les villes de la Grèce, et par le moyen des pensionnaires qu'il tenait à ses gages, et qu'il payait grassement, il était informé exactement de toutes les résolutions qui s'y prenaient, et venait presque toujours à bout de faire tourner les délibérations à son gré. Par là il sut tromper la prudence, éluder les efforts et endormir la vigilance des peuples qui jusque là avaient passé pour les plus actifs, les plus sages et les plus clairvoyants de la Grèce. En suivant toutes ses démarches pendant vingt ans, on le voit cheminer à pas réglés, et s'avancer régulièrement vers son but, mais toujours par des détours et des souterrains dont l'issue seule découvre le dessein.

» Polyen nous marque clairement par quels moyens il s'assujettit la Thessalie, ce qui lui fut d'un grand secours pour venir à bout de ses autres desseins. « Il ne fit point la guerre ouvertement aux Thes-
» saliens, dit-il, mais il profita des divisions qui partageaient les villes
» et tout le pays en différentes factions. Il donnait du secours à ceux
» qui lui en demandaient; et lorsqu'il avait vaincu, il ne détruisait
» point ceux qui avaient eu du désavantage, il ne les désarmait point,
» il ne rasait point leurs murailles : il protégeait les plus faibles, et
» s'appliquait à affaiblir et à humilier les plus forts; en un mot, il
» nourrissait plutôt les divisions qu'il ne les apaisait, tenant partout
» à ses gages les orateurs, vrais artisans de discordes, et les boute-

» feu des républiques. Et ce fut par ces artifices, et non par les
» armes, que Philippe se rendit maître de la Thessalie. »

» Tout cela est un chef-d'œuvre et une merveille en fait de politique. Mais quels ressorts fait-elle jouer, et quels moyens emploie-t-
elle pour parvenir à ses fins? La finesse, la ruse, la fraude, le mensonge, la perfidie, le parjure. Sont-ce là les armes de la vertu? On
voit dans ce prince une ambition démesurée, conduite par un esprit
adroit, insinuant, fourbe et artificieux ; mais on n'y voit point les
qualités d'un homme véritablement grand. Philippe était sans foi et
sans honneur. Tout ce qui pouvait servir à augmenter sa puissance
lui paraissait juste et légitime. Il donnait des paroles qu'il était bien
résolu de ne point garder. Il faisait des promesses qu'il aurait été
bien fâché de tenir. Il se croyait habile à proportion qu'il était perfide,
et mettait sa gloire à tromper tous ceux avec qui il traitait. En un
mot, il ne rougissait pas de dire *qu'on amuse les enfants avec des
jouets, et les hommes avec des serments.*

» Quelle honteuse distinction pour un prince que celle d'être plus
artificieux, plus dissimulé, plus profond en malice, plus fourbe
qu'aucun autre de son siècle, et de laisser de lui cette idée infamante
à toute la postérité?

» Que penserait-on, dans le commerce de la vie, d'un homme
qui se ferait un mérite de jouer tous les autres, et qui mettrait au
rang des vertus la mauvaise foi et la fourberie? On déteste un tel caractère dans les particuliers, comme la peste et la ruine de la société.
Comment peut-il devenir digne d'estime et d'admiration dans des princes et des ministres, plus obligés encore que le reste des hommes, par
l'éminence de leurs places et par l'importance de leurs emplois, à respecter la bonne foi, la sincérité, la justice et surtout la sainteté des
traités et des serments, où l'on fait intervenir le nom et la majesté
d'un Dieu vengeur inexorable de la perfidie et de l'impiété! La simple
parole, parmi de simples particuliers, doit être sacrée et inviolable
s'ils ont quelque sentiment d'honneur : combien plus parmi des princes? « On doit la vérité au prochain dès lors qu'on lui parle, dit un
» célèbre écrivain ; car le commerce de la parole enferme une pro-
» messe tacite de la vérité, la parole ne nous étant donnée que pour
» cela. Ce n'est pas une convention d'un particulier avec un autre
» particulier. C'est une convention commune de tous les hommes
» entre eux, et une espèce de droit des gens, ou plutôt un droit et
» une loi de la nature. Cette loi et cette convention communes sont
» violées par celui qui ment. » Quelle énormité n'ajoutent point à ce
violement de la parole la sainteté du serment et le nom de Dieu pris à

témoin, comme on le prend toujours dans les traités. « *Si la bonne foi et la vérité étaient bannies de tout le reste de la terre*, disait Jean Ier, roi de France, sollicité de violer un traité, *elles devraient se retrouver dans le cœur et dans la bouche des rois.* »

« Ce qui porte les politiques à en user de la sorte, c'est qu'ils sont persuadés que c'est là le seul moyen de faire réussir une négociation. Quand cela serait, peut-il être jamais permis d'en acheter le succès au prix de la probité, de l'honneur et de la religion ! « *Si votre beau-père (Ferdinand le Catholique), disait Louis XII à Philippe, archiduc d'Autriche, a fait une perfidie, je ne veux pas lui ressembler, et j'aime beaucoup mieux avoir perdu un royaume* (le royaume de Naples), *que je saurai bien reconquérir, que non pas l'honneur, qui ne se peut jamais recouvrer.* »

« Mais, en cela même, ces politiques sans honneur et sans religion se trompent. Je n'ai point recours au Christianisme, qui nous fournit des princes et des ministres bien éloignés d'une telle politique. Sans sortir de notre histoire grecque, combien avons-nous vu de grands hommes réussir parfaitement dans le maniement des affaires publiques, dans les traités de paix et de guerre, en un mot dans les négociations les plus importantes, sans jamais employer le secours de l'artifice et de la tromperie : un Aristide, un Cimon, un Phocion, et tant d'autres, dont quelques uns poussaient la délicatesse sur ce qui regarde la vérité, jusqu'à croire qu'il n'était pas permis d'user de mensonge même en riant et par manière de jeu. Cyrus, le plus fameux des conquérants, ne trouvait rien de plus indigne d'un prince, ni de plus capable de lui attirer le mépris et la haine, que de mentir et tromper. Il doit donc demeurer pour constant que nul succès, quelque brillant qu'il soit, ne peut et ne doit couvrir la honte et l'infamie de la mauvaise foi et du parjure. »

XI.

Voici le tableau que trace Mézeray d'une des scènes qui ont illustré le règne de Charlemagne :

« La chrétienté jouissant d'une profonde paix, Charlemagne n'avait plus rien à souhaiter en ce monde que la conservation de son bonheur et de sa postérité. Afin de le lui transmettre, il envoya quérir son fils Louis, le seul qui lui restait des trois, étant d'autant plus satisfait de ce jeune prince, qu'il n'avait jamais voulu le faire venir auprès de lui depuis la mort de ses autres frères, de peur de lui donner des soupçons, et sembler le déposséder de son empire.

Comme il fut arrivé, l'empereur assembla les états à Aix, auxquels ayant remontré que son âge et son infirmité requéraient du soulagement et de l'aide à supporter le poids des affaires, *il leur demanda à tous, depuis le plus grand jusqu'au plus petit*, s'ils trouvaient bon qu'il donnât le titre d'empereur à son fils là présent. Ils répondirent tous d'une voix que cet avis venait de Dieu ; et alors il déclara Louis empereur, et Bernard, son petit-fils, lors absent, roi d'Italie. La cérémonie du couronnement fut telle : l'empereur, orné de ses habits impériaux, et la couronne sur la tête, vint, soutenu de son fils, en l'église d'Aix, où, marchant jusqu'au grand autel, il fit mettre dessus une autre couronne ; et, après que lui et son fils eurent longtemps prié Dieu, il lui remontra devant toute l'assemblée quels étaient les devoirs d'un bon prince : l'amour et la crainte de Dieu, la piété pour les choses sacrées, l'*affection envers les princes et princesses de son sang*, le respect envers les prélats, la tendresse à l'endroit de ses sujets, la force contre les orgueilleux, la sévérité contre les méchants, et l'équité pour tous ; avec cela, un soin très exact à n'admettre dans son cabinet que des conseillers désintéressés, comme dans ses finances et dans la justice que des ministres sans avarice et *sans corruption*. Cette remontrance achevée, il demanda à son fils s'il n'était pas prêt à lui obéir. A quoi Louis ayant répondu que oui, avec l'aide de Dieu, il lui dit en terminant :

« Fils cher à Dieu, à ton père et à ce peuple, toi que Dieu m'a
» laissé pour ma consolation, tu le vois, mon âge se hâte ; ma vieil-
» lesse même m'échappe ; le temps de ma mort approche... Le pays
» de France m'a vu naître. Christ m'a accordé cet honneur ; Christ
» me permit de posséder le royaume paternel : je les ai gardés non
» moins florissants que je ne les ai reçus ; le premier d'entre les
» Francs, j'ai obtenu le nom de César, et transporté à la race des
» Francs l'empire de la race de Romulus. Reçois ma couronne, ô
» mon fils, Christ consentant, et avec elle les marques de la puis-
» sance... » (1)

« Charlemagne annonçant que son temps est fini, dit M. de
» Chateaubriand (2), que la vieillesse même lui échappe, ce sont de
» belles scènes qui attendent le peintre futur de notre histoire. Les
» dernières paroles d'un père de famille, au milieu de ses enfants,
» ont quelque chose de triste et de solennel : le genre humain est la
» famille d'un grand homme, et c'est elle qui l'entoure à son lit de
» mort. »

(1) *Ernold. Nigel.*
(2) *Etudes historiques.*

CONCLUSION.

De tout ce qui précède on doit conclure que :

Louis-Philippe d'Orléans a excité l'étonnement universel :

1º En glorifiant l'ancienne monarchie française, puisqu'il s'est volontairement séparé d'elle en acceptant la déclaration du 7 août 1830 qui le nommait roi des Français, malgré les abdications de Charles X et de Louis-Antoine de France en faveur de M. le duc de Bordeaux, dont il devait être le régent ;

2º En recommandant l'étude de notre histoire aux jeunes élèves réunis à Versailles, quand cette étude est la condamnation du système révolutionnaire sous lequel nous avons le malheur de vivre : car, sous Charlemagne notamment, c'est-à-dire il y a tout juste dix siècles, la France était beaucoup plus libéralement gouvernée qu'elle ne l'est de nos jours.

Sous Charlemagne, le roi, ayant trouvé la nation privée des droits et priviléges dont elle avait joui précédemment, au lieu de cimenter ses chaînes par des lois despotiques et odieuses, s'empressa de lui *restituer* toutes ses prérogatives, et même d'y en ajouter de nouvelles. — Aujourd'hui, les ministres de Louis-Philippe sont convaincus que les Français ont été plus véritablement libres autrefois qu'à notre époque ; et, au lieu d'imiter Charlemagne en étendant leurs droits, ils n'écoutent que leur intérêt personnel, et nous asservissent chaque jour davantage.

Sous Charlemagne, *tous les Français* étaient appelés chaque année, souvent même deux fois par an, soit dans l'assemblée générale, soit dans l'assemblée provinciale, à faire ou à accepter les lois, auxquelles ils devaient tous obéissance, puisqu'ils étaient eux-mêmes législateurs. — Aujourd'hui, 450 députés, nommés par 80 mille électeurs (1),

(1) Il y a bien 200 mille électeurs inscrits, mais il y en a tout au plus 80 mille qui votent, tant à cause du serment qui leur est imposé qu'à cause du déplacement auquel ils sont obligés pour aller au chef-lieu d'arrondissement, ce qui occasionne des dépenses qu'on pourrait éviter en votant par communes.

exploitent la France à leur profit, sans le consentement de la majorité d'icelle.

Charlemagne aimait, honorait et faisait respecter la religion de Jésus-Christ. —Aujourd'hui, les ministres de Louis-Philippe proclament l'indifférence, sous l'étiquette de protection, pour tous les cultes, paient les blasphémateurs du Christ sanctionnent le pillage et la dévastation des églises (1), et osent traduire en lois des confiscations d'autant plus montrueuses, qu'elles ont été consommées par les mains d'une populace aveugle.

Sous Charlemagne, les fonctionnaires de l'état étaient dotés en domaines enlevés par la conquête au fisc romain et ne coûtaient rien aux particuliers. — Aujourd'hui, nous payons des impôts écrasants, et nous donnons également et sept années de notre temps pour le service militaire, et plusieurs journées de corvées, tant pour le service de la garde nationale que pour raccommoder les chemins communaux, etc., etc.

Sous Charlemagne, le roi, tout puissant, ne voulut pas centraliser le pouvoir, et il envoya des représentants dans chaque province ; ces représentants devaient eux-mêmes rendre compte à l'assemblée genérale de la nation de tout ce qu'il était arrivé d'important dans la province, après avoir toutefois pris l'avis de l'assemblée provinciale, convoquée à cet effet. — Aujourd'hui, au contraire, les ministres centralisent de plus en plus le pouvoir, et ne rendent compte à personne de la tyrannie qu'ils exercent dans les provinces, répondant avec effronterie à ceux qui l'attaquent : « Oui,

(1) Les ministres de la révolution de Juillet n'ont pas fait arrêter et juger les dévastateurs de Saint-Germain-l'Auxerrois, de Saint-Paul et de l'Archevêché, que la loi atteignait pourtant dans son article 226, ainsi conçu : « Quiconque aura détruit, abattu, mutilé ou dégradé des » monuments, statues, ou autres objets destinés à l'utilité ou à la » décoration publiques, et élevés par l'autorité publique ou avec son » autorisation, sera puni d'un emprisonnement d'un mois à deux » ans, et d'une amende de 100 fr. à 1,000 fr. »

c'est vrai, nous avons violé la loi; eh bien ! mettez-nous en accusation !... (1) » Il est vrai qu'ils parlent devant une assemblée composée, en grande partie, de fonctionnaires salariés !...

Charlemagne ne voulait pour fonctionnaires que des hommes probes, désintéressés et inaccessibles aux présents. — Aujourd'hui, la presse et les tribunaux retentissent presque incessamment de pots-de-vin et d'orgies ministérielles : ministres, fonctionnaires et généraux, trafiquent de leur position et font le commerce et la banque dans les hautes régions du pouvoir.

Charlemagne ne vivait que du revenu de ses domaines. — Aujourd'hui, le chef de l'état possède des domaines et une liste civile énorme et incompatible avec *la meilleure des républiques* (2), et surtout avec les promesses d'un *gouvernement à bon marché* que, par expérience, on pourrait comparer à ces *femmes de cœur* qui se donnent pour rien, mais qui ruinent toujours leurs adorateurs.

Enfin, et nous ne saurions trop le répéter, sous Charlemagne, chaque membre de la société française avait le droit d'aller aux assemblées générales, provinciales ou communales, pour y consentir les faibles impôts qu'il payait et les lois auxquelles il était soumis. — Aujourd'hui, ce droit appartient exclusivement aux Français qui paient 500 fr. de contributions directes; tous les autres sont considérés comme des esclaves *taillables* et *corvéables* à merci, et exploités comme tels.

De pareils faits dispensent de tout autre commentaire, et j'espère que cette Lettre aura fait ressortir jusqu'à l'évidence la position toute française, toute nationale des Royalistes, qui demandent que la France soit aussi libéralement gou-

(1) Paroles de M. Thiers à la tribune de la chambre élective, dans la discussion sur la mise en liberté de S. A. R. MADAME, duchesse de Berri, et sur la pension à accorder à M. de Vançay (1836).

(2) Voir les *Lettres sur la Liste civile*, par M. de Cormenin; elles sont concluantes, logiques : aussi ont-elles obtenu vingt-trois éditions.

vernée et aussi paternellement administrée au dix-neuvième siècle qu'elle l'était au neuvième, sous Charlemagne, bien que déjà ce grand roi n'ait fait que *restituer* aux Français des droits et priviléges qu'ils tiennent de Dieu et de leur naissance, et contre lesquels rien ne saurait préjudicier.

FRÉDÉRIC DOLLÉ,
Rue d'Anjou-Saint-Honoré, 62.

Paris. — Imprimerie de GUIRAUDET et JOUAUST, rue Saint-Honoré, 315.